O PASSE COMO CURA MAGNÉTICA

Marlene Nobre

3ª Edição
São Paulo, 2011
FE Editora Jornalística

Capa:
Tela: MURILLO, Bartolomé Esteban 1667-70. Christ healing the Paralytic at the Pool of Bethesda. The National Gallery, London.
Arte: André Luis Figaro Egido

Ilustrações:
Marjorie Aun (corpo humano)
Sidney João de Oliveira (3ds)

Editoração Eletrônica:
Conrado Santos

Revisão:
Eva C. Barbosa

FE Editora Jornalística
Av. Pedro Severino, 325 - Jabaquara - São Paulo - SP
04310-060 - (11) 5585-1977

AGRADECIMENTOS

À colega Marcia Colasante, por todo o suporte recebido na realização deste livro. Aos meus amigos do Grupo Espírita Cairbar Schutel (Jabaquara-SP), nas pessoas de meus companheiros de Diretoria Paulo Rossi Severino, Magali Abubjade e Cecilia Melo Mattos. Agradeço também a Sonia Osório, Silvia Farah, Aurea e Salvador Gutierrez, por todo o suporte recebido na Creche Lar do Alvorecer.

E aos meus queridos filhos, Marcos e Marcelo, à minha norinha Monica, e aos amados netinhos.

SUMÁRIO

INTRODUÇÃO

Um quadro do antigo Egito mostra um dos Grandes Chefes Divinos projetando na nuca do Faraó o fluido que lhe confere vida, saúde, força. Um papiro descoberto nas ruínas de Tebas já ensinava a fórmula básica da cura magnética : "Pousa tua mão sobre o doente para acalmar a dor e dize que a dor cesse". (1)

Na Ilíada, Homero refere-se a certos homens que tinham a mão de médico, indicando a propriedade inerente a alguns de curar os enfermos. Do mesmo modo, o historiador Plínio noticiou a respeito de homens que tinham a virtude médica em certas partes do corpo, como a de Pirro, por exemplo, que a possuía no polegar, enquanto outros tinham o dom de curar as mordidas de serpentes e de fazer sair todo o veneno do corpo, aplicando tão somente as mãos.

Se o fenômeno da imposição das mãos sempre existiu, foi com Jesus que se mostrou em toda a sua magnitude, inspirando aos seus discípulos a continuidade da terapêutica consoladora. Aliás, foi o próprio Cristo quem incentivou aos seus seguidores de todos os tempos a que fizessem o mesmo (2).

1) Théories et procédés du magnétisme, Hector Durville, 5ème édition Perthuis (Éditions H. Durville) 20, Bd Montparnasse Paris , 15 ème, 1956

Embora as curas do Cristo sejam inatingíveis para nós, em nosso atual estágio evolutivo, sua figura é e será sempre a fonte inspiradora desta importante terapia. Suas mãos de luz, transmitindo energias sublimes aos pacientes, constituem o protótipo, o modelo a ser seguido em todos os tempos.

Hoje, denominado nos Estados Unidos de *therapeutic touch e hands on*, o passe, ou a imposição de mãos, é aceito em muitas clínicas de terapias alternativas daquele país, como também pelos *healers*, que são admitidos normalmente em suas funções nos hospitais ingleses.

Com este livro, desejo tornar mais simples e fácil o acesso às informações esparsas em inúmeros e diversificados livros, a fim de que possam servir de roteiro aos passistas, bem como aos estudiosos dos passes e da faculdade curadora, e aos futuros pesquisadores na área da saúde.

Desde o princípio, a figura central foi a do passista, em pleno exercício do amor fraterno, impondo as mãos sobre o enfermo, com a finalidade de auxiliá-lo no processo de cura.

Basicamente, buscamos respostas para as perguntas: O que é que se doa? Como se doa? Quem doa? Quem recebe?

A capacidade de doação fluídica não depende de conhecimento algum, por ser uma força inerente ao ser humano, assim como o são os outros dons mediúnicos; é inegável, porém, que lições e instruções básicas contribuem para a melhoria do desempenho do passista, conferindo-lhe maior segurança e confiança, principalmente, se possui acendrado amor e dedicação à tarefa.

Todas essas perguntas começam, na verdade, por uma

2) Jesus: Marcos, 16: 15-20

pergunta anterior: afinal o que é o passe? De uma forma bem sucinta, podemos dizer que é uma transfusão de energias sutis ainda desconhecidas.

O Instrutor Espiritual Emmanuel explica (3):

> Assim como a transfusão de sangue representa uma renovação das forças físicas, o passe é uma transfusão de energias psíquicas, com a diferença de que os recursos orgânicos são retirados de um reservatório limitado, e os elementos psíquicos o são do reservatório ilimitado das forças espirituais.

A imagem da transfusão de energias leva-nos diretamente à primeira questão: "O que é que se doa?" Quais são essas energias? Na primeira parte, procuramos responder a esta questão com a discussão de vários itens: A "virtude" que faz milagres; De quais energias estamos falando?; Fluidos em Movimento; Pensamento, Vontade, e Ação magnética; Água, excelente condutora de fluidos e Uma breve nota sobre o Sopro Curador.

Embora não existam aparelhos para se detectar a natureza dessas energias sutis, ou que permitam mapear, passo a passo, o processo através do qual são doadas e aproveitadas, discutiremos de que forma elas poderão ser evidenciadas.

Procuramos desvendar também onde se encontra esse reservatório ilimitado de forças espirituais que abastece o doador em tais práticas; e descobrimos que ele está mergulhado, assim como o receptor e todas as coisas do universo, em um vasto oceano invisível de energia pura, como se estivéssemos todos interligados a uma rede gigantesca.

Depois de discutirmos todos esses itens para detectar a origem e a natureza do fluido magnético, passamos para a forma como as energias são doadas.

Chegamos, então, àquela que seria a segunda parte - "Como

(3) O consolador, Q. 98

é que se doa?" - e resolvemos desdobrá-la em duas. Na Segunda Parte propriamente dita, discutimos tudo o que diz respeito à Constituição do Ser Humano e à Saúde Integral.

Para entender certos mecanismos da doação, abordamos vários itens que nos colocam frente a frente com a constituição do ser humano: a alma e seus corpos ou envoltórios, passando, então, pelo perispírito e seus constituintes - corpo vital e corpo causal - além de relembrar o pouco que sabemos sobre o corpo mental.

Recordamos, em gráficos especialmente elaborados para este livro, os diversos sistemas do corpo físico e sua relação com os chacras ou centros de força do perispírito, acatando a sugestão de André Luiz de que, sempre que possível, o passista deve ter noções elementares do corpo humano e dos corpos sutis para ter maior segurança na transmissão das próprias energias. Com este mesmo objetivo, procuramos dar também algumas noções simples sobre saúde e doença do ponto de vista do ser integral.

E na Terceira Parte prosseguimos com o estudo de "Como é que se doa?", mas do ponto de vista da Cura e do modo de doação propriamente dita.

Abordamos o processo de cura do ponto de vista das revelações espirituais e as suas diversas modalidades. Analisamos também, de forma sucinta, em "A Cura Quântica" o pensamento atual de médicos, físicos, e pesquisadores da mediunidade, que procuram explicar a cura tendo por base a Física Quântica. Constatamos, assim, as similitudes dessas hipóteses explicativas com as que o Espiritismo propõe.

Aproveitamos o conhecimento revelado sobre a interface

corpo físico-duplo etérico para esquematizar a forma como o fluido magnético circula no doador sob o comando do espírito, transmitindo-se depois ao beneficiário. Entramos, pois, diretamente no âmago da questão "Como se doa", um dos pilares da estrutura do livro.

Conhecer este fluxo é muito importante, porque subtrai idéias errôneas e fantasiosas do conjunto doador-receptor, inspirando a ambos, na adoção de atitudes muito mais realísticas para o sucesso da terapia.

Logo em seguida, surge um ponto bastante polêmico - o procedimento. Como é que o passe deve ser transmitido? Antes de responder, porém, foi preciso relembrar alguns relatos de casos de tratamentos espirituais, desvendados pela psicografia, especialmente na Coleção André Luiz, com a finalidade de demonstrar a superioridade da medicina do além e dos técnicos desencarnados na manipulação dos fluidos. Nossa intenção é justamente essa, ressaltar que nós, os encarnados, quase nada sabemos quanto à significação dos movimentos das mãos na transmissão dos passes, sendo aconselhável deixar por conta deles, os "técnicos" competentes, a utilização dos fluidos.

Quanto mais se instrui, mais o médium aumenta a sua capacidade de discernimento e, consequentemente, a possibilidade de amealhar o tesouro da fé raciocinada que o impulsionará a servir mais e melhor.* Um Espírito Protetor na lição de *O Evangelho Segundo o Espiritismo* (4) enfatiza que devemos ter "a fé com o que ela contem de belo e de bom, com a sua pureza, com a sua racionalidade"; ressaltando que "os milagres são obras da fé".

Finalmente, na Quarta Parte, englobamos "Quem Doa?"-

4) O evangelho segundo o espiritismo, cap XIX

***(Se houver interesse de consulta, em** *O Dom da Mediunidade* **abordei conceitos gerais e aplicação da força radiante na cura)**

"Quem Recebe?", abordando mais diretamente as figuras do passista e do beneficiário, discutindo o papel de cada um.

Iniciamos com a pergunta: Todos podem dar passes? Respondemos, então, à questão: "Quem Doa?". E, naturalmente, prosseguimos com a indicação de alguns conselhos importantes dos amigos espirituais, para que o agente de saúde ou passista aumente suas forças radiantes e sua possibilidade de servir.

Em seguida, dizemos algo sobre a questão "Quem Recebe?". Qual seria o papel do receptor? Seria possível detectar o mecanismo pelo qual recebe e metaboliza essas energias?

Constatamos que os passes a distância ou as orações que são enviadas aos doentes não terão efeitos substanciais se os beneficiários não se dispuserem a receber tais vibrações, colocando-se em sintonia com elas. Nas pesquisas médicas, portanto, este é um assunto que deveria ser levado em consideração nas orações de intercessão.

E chegamos ao final com os prodígios da oração e da fé nas tarefas de cura.

Como adendo, colocamos ainda um guia prático ao passista com perguntas e respostas sobre as principais dúvidas na execução da tarefa.

* * *

Sem o concurso de tecnologias novas, ainda desconhecidas, capazes de detectar o extraordinário mundo das radiações espirituais, as respostas dadas às questões deste livro são, irremediavelmente, incompletas. Mesmo assim, na expectativa de novos rumos à experimentação científica, cremos que valeu a pena destacar as revelações espirituais já existentes sobre o assunto. Aliás, este foi nosso principal objetivo ao organizar este livro.

Hoje, muito poucos cientistas, médicos, e profissionais da área da saúde interessam-se por esses ensinamentos, e, muito menos pela prática do passe, embora a população em geral acredite e beneficie-se com a sua aplicação.

Esse recurso terapêutico está restrito, portanto, à prática da medicina dos humildes e dos crentes, na feliz expressão de Léon Denis (5), mas, por seus resultados práticos, há que se olhar com confiança para o futuro, quando haverá, sem dúvida, maior aceitação de sua utilização, com o natural amadurecimento espiritual da humanidade.

No futuro, com a evolução das pesquisas científicas e a conquista de novas tecnologias, a prática da Medicina não se circunscreverá, como agora, aos cuidados com o corpo físico, mas irá muito além, ampliará recursos para abranger mente–corpo – espírito, em uma abordagem integrada, indispensável ao aperfeiçoamento da saúde humana.

Dentro de 50 ou 60 anos, após todo o sofrimento previsto para a atual fase de transição do globo, é possível, então, que a fluidoterapia – terapia com passes e água energizada - seja considerada como complementar e normalmente integrada às demais formas de curar, como ocorre, hoje, em instituições de grupos minoritários de amparo à saúde.

No porvir, os conceitos ventilados aqui serão considerados elementares demais, e de fato o são, comparados ao conhecimento que o plano espiritual tem sobre o assunto.

5) O grande enigma, Léon Denis, p. 182

No momento, tudo o que se relaciona com energias espirituais é catalogado à conta de supersticioso, sem respaldo científico e, portanto, mais apropriado às pessoas ingênuas e ignorantes.

Mas o tempo não passa em vão.

Como afirma Santo Agostinho: "A Fé procura, o intelecto encontra".

Na Era Nova, viveremos um tempo em que os seres humanos fornecerão, rotineiramente, suas forças radiantes em favor uns dos outros, com resultados extraordinários, sob a monitoração da ciência. Palmilharemos, então, o início das largas e luminosas avenidas do progresso espiritual na crosta terrestre, sobretudo, na área da saúde, construídas a partir das revelações sábias e amorosas dos Mentores Espirituais. Relembraremos, então, com respeito e gratidão, de todos os que se sacrificaram em todos os tempos, especialmente, nos séculos XVIII, XIX e XX, enfrentando ridículo e escárnio, para trazer-nos informações acerca do fluido magnético e de seu magnífico espectro de aplicações curativas. Desvendaremos, então, com mais propriedade, o valor desta "virtude" curativa, que teve em Jesus Cristo o seu maior e mais sublime doador.

PRIMEIRA PARTE - O QUE SE DOA?

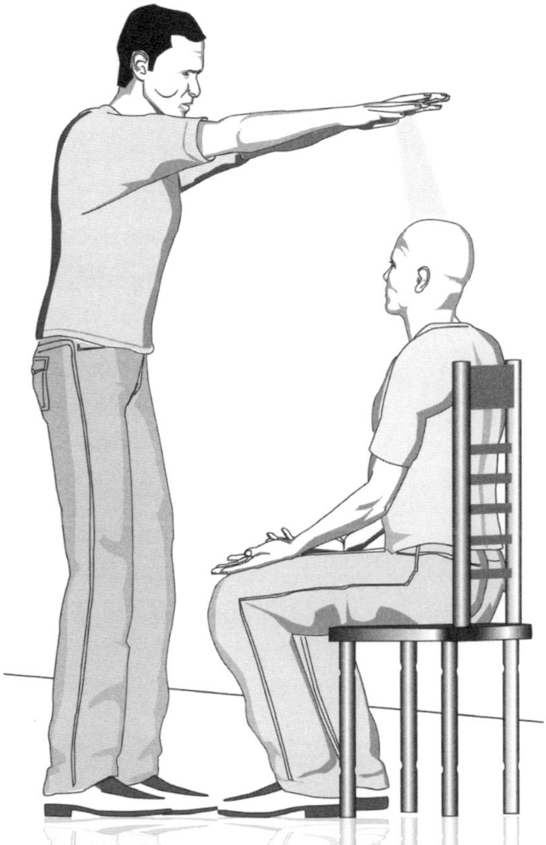

A virtude que produz milagres

De quais energias estamos falando?

Fluidos em movimento

Pensamentos e ação magnética

Água, excelente condutora de fluidos

Capítulo 1

A VIRTUDE QUE PRODUZ MILAGRES

Os milagres não acontecem em contradição com a natureza, mas apenas em contradição com o que conhecemos da natureza.
Santo Agostinho

Quando Jesus constatou, em meio à multidão, que havia saído "virtude" dele, e desejou saber quem lhe tocara a fímbria da túnica, uma mulher apresentou-se, confessando-lhe, humildemente, a autoria do gesto. E, mais, afirmou ter ficado inteiramente curada de uma hemorragia pertinaz, que a afligira por mais de dez anos. Jesus louvou-lhe a confiança:

"Filha, tem bom ânimo! A tua fé te curou". (1)

Neste caso específico da cura da mulher hemorrágica, o Cristo sentiu que a virtude lhe saíra da túnica, mas incontáveis foram os outros que curou, valendo-se de outras modalidades de doação, como a da simples imposição de mãos, a de ordem verbal ou aquela em que empregou saliva e lodo.

1) Mateus, 9:22.

Mas seria essa virtude, que saiu da túnica do Cristo, patrimônio de toda a humanidade?

Allan Kardec dá-nos a resposta:

> o Cristo, que operou milagres materiais, mostrou, por esses milagres mesmos, o que pode o homem, quando tem fé, isto é, a vontade de querer e a certeza de que essa vontade pode obter satisfação. Também os apóstolos não operaram milagres, seguindo-lhe o exemplo? Ora, que eram esses milagres, se não efeitos naturais, cujas causas os homens de então desconheciam, mas que, hoje, em parte se explicam e que pelo estudo do espiritismo e do magnetismo se tornarão completamente compreensíveis? (2)

E o Codificador, grande estudioso dos ensinos de Mesmer, insere a resposta que elucida de vez qual seria a fonte de toda a virtude, comum a todos os espíritos, responsável pelas curas milagrosas: "O magnetismo é uma das maiores provas do poder da fé posta em ação. É pela fé que ele cura e produz esses fenômenos singulares, qualificados outrora de milagres". (3)

Diante, pois, do passista, do magnetizador, do aplicador do johei, do reiki, ou do toque terapêutico, enfim, do médium de cura, estamos falando da mesma energia posta em movimento: o fluido magnético.

Deve-se ao médico vienense Franz Anton Mesmer (século XVIII), a divulgação dessa força desconhecida, sobre a qual já havia se referido, anteriormente, Von Helmont. E, antes de ambos, Avicena, que atribuíra à alma um poder considerável, o de transmitir ao seu próprio corpo e aos dos outros, de forma equilibrante ou desequilibrante, uma força de alto poder, que pode produzir saúde ou doença. (4)

Coube a Mesmer a missão de evidenciar, aos colegas médicos e aos cientistas de seu tempo, a importância da cura pelo

2) e 3) O evangelho segundo o espiritismo, cap. XIX.
4) Théories et procédés du magnétisme, p. 11.

magnetismo animal, responsabilizando-se, assim, por abalos nos conceitos reducionistas vigentes à época na Medicina e na saúde em geral. Suas atitudes, muitas vezes provocativas, estavam impregnadas de sua autoconfiança na realidade dos fenômenos magnéticos e nas curas que realizou.

Seu modo de chamar a atenção das pessoas coincidia com uma necessidade da época, uma vez que, os próprios Espíritos Instrutores, a partir do final da década de 1840, adotaram também a mesma maneira desassombrada de chamar a atenção da humanidade para os fatos espirituais, produzindo efeitos físicos como as batidas *(raps)*, mesas girantes e materializações. Literalmente, fizeram muito barulho na tentativa de acordar os seres humanos para a sua real destinação.

Mesmer foi duramente criticado e combatido por seus pares. Muitas vezes exposto ao ridículo e à zombaria, mas soube resistir, convicto da eficácia da terapia e dos postulados que defendia. Ele entendia o magnetismo animal como derivado de um "fluido universalmente expandido e contínuo, de modo a não sofrer nenhum vazio, cuja sutileza não permite nenhuma comparação, e que, por sua natureza, é suscetível de receber, propagar e comunicar todas as impressões do movimento...". (5)

Para ele, é essa força sutil que preenche tudo, penetra todos os corpos, inclusive o organismo humano, onde circula com o nome de fluido vital, determinando a influência dos planetas sobre eles. Na há dúvida de que o mesmerismo abriu caminho para o Espiritismo. Allan Kardec reconheceu esse fato em vários escritos, inclusive na *Revista Espírita* (1869:11), último ano em que este periódico circulou sob sua direção:

> O magnetismo e o espiritismo são, com efeito, duas ciências

5) Mesmer, a ciência negada e os textos escondidos , p. 328.
(Obra que resgatou os textos de Mesmer para o português.)

> gêmeas, que se completam e explicam uma à outra, e das duas, a que não quer imobilizar-se não pode chegar ao seu complemento sem se apoiar na sua congênere, isoladas uma da outra, detêm-se num impasse; são reciprocamente como a física e a química, a anatomia e a fisiologia...

No mundo ocidental, esse conceito de fluido cósmico que preenche todo o vazio ficou conhecido como sendo o éter ou a matéria quintessenciada de Aristóteles, enquanto que na cultura oriental, onde existe há mais de cinco mil anos, é denominado de prana.

Na esteira dos fenômenos magnéticos, foram descobertos o sono lúcido, a sugestão mental e a transmissão de pensamento, sendo pioneiros, nessa área, os trabalhos do abade Faria e do marquês Armand Marc Jacques Chastenet de Puységur, um dos mais fiéis alunos de Mesmer, que lhe seguiu os passos, desde que este se instalou em Paris, em 1778, banido de seu país de origem, a Áustria.

Com os desdobramentos naturais do fenômeno magnético, o século XIX ainda pode acompanhar as 200 intervenções cirúrgicas, realizadas por John Elliotson, na Inglaterra, e as 2.000 feitas por James Esdaile, em Calcutá, na Índia, com os pacientes em estado de sono hipnótico. Mesmo com o êxito das cirurgias, inclusive com insignificante índice de infecção hospitalar, Esdaile, quando voltou à Inglaterra, foi perseguido pelos colegas.

Embora seja um estudo fascinante, deixamos de detalhar, aqui, a contribuição de todos os que se dedicaram ao magnetismo e aos fenômenos correlatos, uma vez que nosso objetivo principal é focalizar a força que está por trás desses fenômenos e o seu emprego nos passes. (6)

6) Recomendamos, a quem deseja aprofundar-se no assunto, consultar as aqui citadas obras de Caycedo, Durville, Figueiredo.

No caso específico do passe, o que se doa é o fluido vital ou fluido magnético ou, ainda, energia não visível, derivada do fluido universal. O fato é que o fluido vital dos magnetizadores, de Samuel Hahnemann e de Kardec, tem uma longa história e vem mudando de nome, conforme o contexto filosófico, científico ou religioso em que aparece. Para Freud e Jung, é a libido; para William Reich, bioenergia; para Henri Bergson, élan vital; para Claude Bernard, idéia diretriz; para William Crookes, força psíquica; para Hernani Andrade, Modelo Organizador Biológico; para Rupert Sheldrake, campos morfogenéticos; e assim por diante.

A seguir, apresentamos as diversas modalidades de fluido, para melhor compreendermos os fenômenos que estamos estudando.

Capítulo 2

DE QUAIS ENERGIAS ESTAMOS FALANDO?

Todas as curas realizadas por Jesus foram instantâneas. Embora muito distantes da evolução do Cristo, não podemos nos esquecer de que fomos convidados por Ele, pelo próprio Mestre de Nazaré, a curar os enfermos. Nesse sentido, Emmanuel faz-nos uma exortação muito significativa:

> Atualmente no Cristianismo redivivo, temos, de novo, o movimento socorrista do Plano Invisível, através da imposição das mãos. Os passes, como transfusões de forças psíquicas, em que preciosas energias espirituais fluem dos mensageiros do Cristo para os doadores e beneficiários, representam a continuidade do esforço do Mestre para atenuar os sofrimentos do mundo.
>
> Seria audácia por parte dos discípulos novos a expectativa de resultados tão sublimes quanto os obtidos por Jesus junto aos paralíticos, perturbados e agonizantes.
>
> O Mestre sabe, enquanto nós outros estamos aprendendo a conhecer. É necessário, contudo, não desprezar-lhe a lição, continuando, por nossa vez, a obra de amor, através das mãos fraternas
>
> Onde exista sincera atitude mental do bem, pode estender-se o serviço providencial de Jesus. Não importa a fórmula exterior. Cumpre-nos reconhecer que o bem pode e deve ser ministrado em seu nome. (7)

7) Caminho, verdade e vida, cap. 153.

Não importa, pois, se não temos toda a evolução espiritual almejada, se estamos muito distantes da grandeza espiritual do Cristo, é preciso prosseguir firme, com empenho e perseverança, no serviço desinteressado em favor de quem está carente de auxílio.

A virtude do Cristo está presente em todos os seres humanos e o Mestre de Nazaré convidou os seus seguidores a empregá-la, de forma gratuita, em favor de quem precisa, com desapego dos resultados.

Voltemos agora o olhar à figura do passista, em busca de mais detalhes sobre as energias que entram em jogo no serviço do passe. Quando um passista impõe as mãos sobre o paciente, subordinando-se às forças superiores da vida, em atitude de prece e de confiança no Poder Divino, está carreando para o receptor energias poderosas, que poderão favorecer-lhe a cura. Exerce, então, sobre o paciente, uma ação magnética peculiar.

A ação magnética pode produzir-se de modos diferentes:

> 1) Pelo próprio fluido do magnetizador; é o magnetismo propriamente dito, ou magnetismo humano, cuja ação está subordinada ao poder e, sobretudo, à qualidade do fluido;
>
> 2) Pelo fluido dos Espíritos agindo diretamente, e sem intermediários sobre um encarnado, seja para curar ou acalmar um sofrimento, seja para provocar o sono sonambúlico espontâneo, seja para exercer, sobre o indivíduo, uma influência física ou moral qualquer. É o magnetismo espiritual, cuja qualidade está em razão das qualidades do Espírito.
>
> 3) Pelos fluidos que os Espíritos despejam sobre o magnetizador e ao qual este serve de condutor. É o magnetismo misto, semi-espiritual ou, se quisermos humano-espiritual . O fluido espiritual, combinado com o fluido humano, dá a este as qualidades que lhe faltam. (8)

Conclui-se, portanto, que os passistas das Casas Espíritas

8) A gênese, cap. XIV.

utilizam o magnetismo misto, o que combina fluido humano - o seu próprio fluido magnético - com o do mundo espiritual, o dos espíritos, que se acoplam a ele no trabalho de cura. Ambos são transformações do fluido cósmico, uma espécie do deus Proteu, que assume incontáveis e diversificadas formas, para constituir-se na inumerável variedade de corpos da Natureza. Como dizia Mesmer, a matéria divide-se ao infinito.

Assim, detectamos a presença do fluido cósmico na matéria física, que é constituída de elementos da Escala Periódica de Mendeleev, bem como está na origem de inúmeras outras escalas periódicas, formadas de elementos ainda desconhecidos, que entram na constituição dos outros envoltórios da alma.

Na visão de Mesmer, o magnetismo animal é um agente natural não observável pelos sentidos; seria ainda um estado particular de vibração, por assim dizer, um tom de movimento do fluido universal. (9)

Não foi fácil a luta que travou em pleno século XVIII para ser compreendido pela ciência oficial. E não o foi. Como reconheceu Du Potet:"Os sábios queriam observar empiricamente a existência do fluido, algo impossível, pois o magnetismo animal é um estado de vibração do fluido universal, com uma frequência maior que a da luz" (10).

Até hoje a luta persiste, dada a falta de compreensão e a dificuldade de comprovar algo imponderável como o magnetismo. Certamente, os médiuns videntes têm outra visão, conforme relata Bué (1934:115):

9) e 10) Mesmer, a ciência negada e os textos escondidos, p. 32 e 28.

> Os sonâmbulos veem, das extremidades dos dedos do magnetizador, quando este desce-os, lentamente, ao longo de seu corpo, sem tocá-lo, jorrar longas agulhas brilhantes, que parecem envolvê-los em suas cintilações fosforescentes (...) os matizes brilhantes variam segundo os indivíduos".

O Espírito Galileu em *A Gênese* (cap. VI), diz que o fluido cósmico exprime-se em uma grande diversidade de criações, porque um "número ilimitado de forças presidiram às suas transformações". Falando em linguagem da época em que deu a comunicação, século XIX, Galileu diz claramente que o fluido universal é o éter.

Desde os gregos, o éter era compreendido como um meio material que banha todo o espaço. Esse conceito já sofreu várias transformações em física, tanto no século XX quanto neste, a ponto de se constituir na mais famosa fênix da física, pois, tal como a ave mitológica, vem morrendo e ressuscitando das próprias cinzas há muitos decênios. O fato é que, até os dias de hoje, os físicos não puderam se livrar da constante cosmológica que o éter representava, antes de ser abolido, no século XX, sobretudo, quando se pensa uma ampla teoria que unifique todas as forças da natureza à procura da partícula elementar, de onde tudo se originou.

Nos dias de hoje, em vez de éter, algumas teorias voltam-se ao termo de Aristóteles, o de matéria quintessenciada, introduzindo-a como hipótese explicativa para a incógnita da matéria e da energia escuras, que tomam conta de 90% do Universo, sem que se tenha idéia do que seja. Enfim, para nós, segundo instruções espirituais, o fluido cósmico é a partícula elementar por excelência e a quinta força presente no universo, além da força nuclear fraca e a força nuclear forte, do eletromagnetismo e da gravidade é a força do pensamento de Deus - o fluido cósmico - que a tudo dá suporte e sustentação.

Com as revelações do século XX, especialmente as informações do médico desencarnado André Luiz, nos livros *Evolução em Dois Mundos* e *Mecanismos da Mediunidade*, ampliamos nossa compreensão acerca dessa matéria elementar, por ele chamada de "plasma divino" ou "hausto do Criador". Esse elemento primordial (11) é maleável à ação do pensamento, sendo que as inteligências superiores, como os Arcanjos ou Grandes Devas, constroem habitações cósmicas, com os celeiros de energia, que extraem dele. Essas moradias, um dia, desgastam-se, porque são co-criações, e tendem a desaparecer, transformando-se novamente em plasma divino.

Como herdeiro do Criador, o ser humano também pode co-criar em plano menor. E o pensamento é a expressão desse seu poder.

11) Evolução em dois mundos, cap. 1

Capítulo 3

FLUIDOS EM MOVIMENTO

Com certa desenvoltura e naturalidade, temos nos referido à existência de fluidos espirituais, descrevendo algumas de suas propriedades. Mas seriam eles aceitos pela ciência ortodoxa? Não, não o são. Para ela, o conceito de fluido é outro. Permanece restrito a um estado especial da matéria conhecida: é a fase não sólida da matéria, que pode se apresentar em três subfases: pastosa, líquida e gasosa. São fluidos segundo o critério científico vigente: água, álcool, leite, oxigênio, enfim, líquidos e gases.

No século XIX, os Espíritos Instrutores revelaram a existência de outra categoria de fluidos, com base em outras formas de apresentação da matéria. O filósofo Léon Denis, insigne pioneiro da Doutrina Espírita, resume muito bem esse ensinamento: "a matéria, quando se rarefaz, fica invisível, imponderável, toma aspectos cada vez mais sutis, os quais chamamos fluidos" (12).

E André Luiz, o cientista desencarnado, enfatiza esse es-

12) No invisível, segunda parte, cap. XV.

tado mais rarefeito da matéria: "Definimos o fluido, dessa ou daquela procedência, como sendo um corpo cujas moléculas cedem invariavelmente à mínima pressão, movendo-se entre si, quando retidas por um agente de contenção, ou separando-se, quando entregues a si mesmas" (13)

Hoje, fica muito mais fácil compreender esses novos conceitos espirituais, tendo em vista que a física do século XX já demonstrou que matéria e energia são equivalentes. Ao escrever, em 1958, sobre a nossa utilização do fluido cósmico ou matéria elementar, André Luiz deixou este ensinamento exemplar:

> ...na essência, toda a matéria é energia tornada visível e toda a energia, originariamente, é força divina de que nos apropriamos para interpor os nossos propósitos aos propósitos da Criação, cujas leis nos conservam e prestigiam o bem praticado, constrangendo-nos a transformar o mal de nossa autoria no bem que devemos realizar, porque o Bem de Todos é o seu Eterno Princípio. (14)

Assim, os fluidos que produzimos levam a nossa marca registrada; representam a nossa maneira peculiar de co-criar pelo pensamento. Até o momento, temos nos referido, especialmente, ao fluido vital ou ectoplasma, que é responsável pelo fenômeno magnético.

Há, porém, uma quantidade inabordável deles, os fluidos em geral. Para se ter uma idéia, basta lembrar que existe fluido para cada pensamento que o espírito produz, quer esteja encarnado ou desencarnado, assim como existem fluidos que recebem a coloração perispiritual ou de outra vestimenta do espírito, seja qual for o plano em que este esteja.

Kardec, em um estudo primoroso, analisa essa diversidade:

> Sendo os fluidos o veículo do pensamento, este atua sobre os fluidos como o som sobre o ar; eles nos trazem o pensamento, como

13) e 14) Evolução em dois mundos, caps 13 e 1.

> o ar nos traz o som. Pode-se, pois, dizer, sem receio de errar, que há, nesses fluidos, ondas e raios de pensamentos, que se cruzam sem se confundirem, como há no ar ondas e raios sonoros. (15)

O Codificador descreve também as imagens fluídicas ou imagens-moldes, explicando de que forma elas marcam o corpo espiritual e possibilitam que os espíritos desencarnados conheçam nossas mais secretas intenções.

> (...) criando imagens fluídicas, o pensamento se reflete no envoltório perispirítico, como num espelho; toma nele corpo e aí de certo modo se fotografa. Tenha um homem, por exemplo, a idéia de matar a outro: embora o corpo material se lhe conserve impassível, seu corpo fluídico é posto em ação pelo pensamento e reproduz todos os matizes deste último; executa fluidicamente o gesto, o ato que intentou praticar. O pensamento cria a imagem da vítima e a cena inteira é pintada, como num quadro, tal qual se lhe desenrola no espírito. (16)

Como se verifica, os mais secretos movimentos da alma repercutem no corpo espiritual. Os desencarnados podem, assim, acompanhar os movimentos de outra alma, ler como num livro e ver o que não é perceptível aos olhos do corpo. São vistos desta forma o planejamento de crimes, antes que ocorram, como também depois de executados. Na verdade, os espíritos podem ver a preocupação habitual do indivíduo, seus desejos, seus projetos, seus desígnios bons ou maus.

Para nós que nos engolfamos tanto nos problemas materiais, fica difícil transcender, mesmo em pensamento, para abarcar o mundo espiritual e suas interferências diuturnas na existência humana. Isto porque "os elementos fluídicos do mundo espiritual escapam aos nossos instrumentos de análise e à percepção dos nossos sentidos, feitos para perceberem a matéria tangível e não a matéria etérea (...)"(17).

15), 16) e 17) A gênese, cap. XIV.

Mas como nos lembra o bom senso de Kardec, se não temos uma observação direta , podemos acompanhar os seus efeitos:

> como se observam os do fluido do imã, fluido que jamais se viu, podendo-se adquirir sobre a natureza deles conhecimentos de alguma precisão. É essencial esse estudo, porque está nele a chave de uma imensidade de fenômenos que não se conseguem explicar unicamente com as leis da matéria. (18)

Há uma enorme diversificação na qualidade dos fluidos. Kardec é quem nos amplia a visão:

> Como os odores, eles (os fluidos) são designados por suas propriedades, seus efeitos e tipos originais. Sob o ponto de vista moral, trazem o cunho dos sentimentos de ódio, de inveja, de ciúme, de orgulho, de egoísmo, de violência, de hipocrisia, de bondade, de benevolência, de amor, de caridade, de doçura, etc. Sob o aspecto físico, são excitantes, calmantes, penetrantes, adstringentes, irritantes, dulcificantes, soporíficos, narcóticos, tóxicos, reparadores, expulsivos; tornam-se força de transmissão, de propulsão, etc. O quadro dos fluidos seria, pois, o de todas as paixões, das virtudes e dos vícios da Humanidade e das propriedades da matéria, correspondentes aos efeitos que eles produzem. (19)

Essa explicação do Codificador faz-nos raciocinar sobre a importância dos fluidos produzidos por nós, especialmente os que se dedicam à doação fluídica. Lembramo-nos, neste aspecto, de um segmento especial da transmissão de passes: o das chamadas benzedeiras (20). Com a diversificação dos fluidos, é possível compreender porque elas atuam com mais eficácia em determinadas doenças. Muitas têm especialidade para tratar cobreiro ou doenças dermatológicas, outras mau-olhado ou fluidos de inveja, e assim por diante.

Este fenômeno, que está enraizado na cultura brasileira,

18) e 19) A gênese, cap. XIV.
20) O consolador, q. 100.

pode ser explicado pelas produções diversificadas de fluidos, que caracterizam determinados médiuns passistas. E essa diversificação é característica de cada alma e do seu patrimônio criativo, ao longo dos milênios de evolução.

Diante de tão vasta quantidade de tipos diferentes de fluidos, indagamos sobre que forma eles se deslocam ou se comportam depois de serem produzidos. Aprendemos também com Kardec que:

> os Espíritos atuam sobre os fluidos espirituais, não manipulando-os como os homens manipulam os gases, mas empregando o pensamento e a vontade. Para os Espíritos, o pensamento e a vontade são o que é a mão para o homem. Pelo pensamento, eles imprimem àqueles fluidos tal ou qual direção, os aglomeram, combinam ou dispersam, organizam com eles conjuntos que apresentam uma aparência, uma forma, uma coloração determinadas; mudam-lhes as propriedades, como um químico muda a dos gases ou de outros corpos, combinando-os segundo certas leis. É a grande oficina ou laboratório da vida espiritual. (21)

Essa manipulação obedece, assim, a princípios bem determinados: "Os fluidos unem-se em razão da semelhança de sua natureza; os fluidos dissemelhantes se repelem; há incompatiblilidade entre os bons e os maus fluidos, como entre o azeite e a água" (22).

Há, portanto, uma Lei Fundamental dos Fluidos, baseada na atração e na repulsão, na sintonia e distonia. Seja qual for, porém, o tipo de doação fluídica, o pensamento é tudo.

21) e 22) A gênese, cap. XIV.

Capítulo 4

PENSAMENTO, VONTADE E AÇÃO MAGNÉTICA

Em ensinamentos reiterados, nos capítulos anteriores, chegamos à conclusão de que a matéria básica que o passista doa é o fluido cósmico ou plasma divino modificado, denominado fluido magnético. Queremos deixar claro também que o fluido magnético é sinônimo de ectoplasma, fluido vital, fluido magnético animal, ou simplesmente magnetismo; faz parte do corpo vital ou duplo etérico, um dos envoltórios do perispírito, que se desfaz após a morte física. O corpo vital permite a união do espírito com a matéria, porque é constituído de elementos semimateriais, o que lhe permite desempenhar essa ponte de ligação.

No fluido cósmico, elemento primordial que preenche todo o Universo, "vibram e vivem constelações e sóis, mundos e seres, como peixes no oceano". (23)

Estamos, pois, mergulhados no pensamento do Pai e

23) Evolução em dois mundos, cap. I.

Criador. É Ele quem sustenta e movimenta os universos sem fim, como se emitisse extraordinárias sinfonias de imensa harmonia, e nós, os filhos, por nossa vez, modulássemos pequeninas notas, que podem estar em harmonia ou dissonância com a música celestial.

> Como herdeiras do Criador, as inteligências humanas utilizam o mesmo fluido cósmico, em permanente circulação no Universo, para a Co-Criação em plano menor, assimilando os corpúsculos da matéria com a energia espiritual que lhes é própria, formando assim o veículo fisiopsicossomático em que se exprimem ou cunhando as civilizações que abrangem no mundo a Humanidade Encarnada e a Humanidade Desencarnada. (24)

Dessa maneira, por meio de pensamentos , palavras e atos, oriundos das fontes do coração, os espíritos gastam e transformam o hausto do Criador. Plasmam não só os mundos iluminados das grandes co-criações siderais, como também os lugares trevosos, mais conhecidos como planos infernais, que não duram eternamente, mas que recebem as mentes desequilibradas ou criminosas por determinado período de tempo, até que se transformem, modificados pelo bem. (25)

Como lembra Léon Denis (26):

> O Pensamento é criador. Não atua somente ao redor de nós, influenciando nossos semelhantes para o bem ou para o mal; atua principalmente em nós; gera nossas palavras, nossas ações e, com ele, construímos, dia a dia, o edifício grandioso ou miserável de nossa vida presente e futura. Modelamos nossa alma e seu invólucro com os nossos pensamentos; estes produzem formas, imagens que se imprimem na matéria sutil, de que o corpo fluídico é composto.

Na verdade, a evolução do espírito é medida pelo grau maior ou menor de aproveitamento dessa capacidade co-

24) e 25) Evolução em dois mundos, cap. I.
26) Depois da morte, Leon Denis, cap. XXXII.

criadora para o Bem.

Segundo a Coleção André Luiz, o pensamento expressa- se em ondas eletromagnéticas, com velocidade muito superior à da luz, portanto, a mais de 300 mil quilômetros por segundo. É constituído de partícula ainda desconhecida, que se subdivide em diversos tipos, conforme a quantidade, a qualidade, o comportamento e as trajetórias dos componentes que a integram.

As partículas do pensamento obedecem à lei dos quanta de energia. Guardam, sobretudo, a possibilidade de comunicação não-local, quer dizer, a que não depende de tempo e espaço.

Aprendemos, ainda com os Espíritos Instrutores, que o sentimento é que dá a natureza do pensamento, podendo expressar-se, portanto, no campo do bem ou do mal, conforme as qualidades do coração.

Por seu acúmulo,

> "pode converter-se em fluido gravitante ou libertador, ácido ou balsâmico, doce ou amargo, alimentício ou esgotante, vivificador ou mortífero, segundo a força do sentimento que o tipifica e configura, nomeável, à falta de terminologia equivalente, por 'raio de emoção'". (27)

Dentre as propriedades do pensamento, destaca-se uma de grande importância que é a indução mental, isto é, a sua capacidade de ser reproduzido por outra mente. Nasce daí o reflexo das criaturas umas sobre as outras, a base do intercâmbio ou da comunicação de alma para alma. Com ela, cada espírito mantém contato com a imensa teia de seres que formam a humanidade encarnada e desencarnada.

É sempre interessante recordar Kardec quando afirma que os fluidos são veículos do pensamento e há neles ondas e raios

27) Evolução em dois mundos, cap. XIII.

de pensamentos, que se cruzam sem se confundir. Do mesmo modo que não devemos esquecer que há grande diversidade e variedade de fluidos, tanto os construtivos quanto os destrutivos, e, sobretudo, que a manipulação deles se dá pelo pensamento e pela vontade.

O passista precisa conscientizar-se, pois, da importância do pensamento, porque o fluido magnético que lhe é característico e que se predispõe a doar aos carentes dessa força está impregnado da qualidade dos seus próprios pensamentos. E pela lei de sintonia e afinidade, atrairá o fluido espiritual do mentor que lhe dará respaldo à atividade curadora.

É importante não esquecer também que a natureza do pensamento é dada pelo sentimento. Desse modo, é impossível dissociar cérebro e coração, porque ambos estão indissoluvelmente ligados na elaboração do pensamento. Faz parte da própria natureza do ser humano essa estrutura entrelaçada, por isso, todas as tentativas de se estabelecer um fosso definitivo de separação entre ciência e religião estão fadadas ao fracasso. Inteligência e coração, razão e fé estão definitivamente unidas na estrutura da alma humana, como partes inseparáveis do seu patrimônio imortal. Fica, pois, evidente que toda tarefa de cura nasce das profundezas do coração e deve ser acalentada na base da fé e do amor puro.

Aquele que recebe o passe também tem de se conscientizar da importância do pensamento e deve ser advertido quanto a isso. Constatamos inúmeros exemplos de pessoas que acalentam doenças com o pensamento, com a sustentação da vontade; são os hipocondríacos em graus variados que não vigiam a qualidade das ideias formuladas.

28) Libertação, cap. II, p. 30.

Os Instrutores de André Luiz (28) chamam a atenção para esse fato, relembrando que a sugestão mental de doença pode atrair "entidades microbianas, que vivem e se reproduzem no campo mental dos milhões de pessoas que as entretêm"; com essa fixação na idéia de doença, elas acorrerão em massa, absorvidas pelas células que as atraem e em obediência às ordens, reiteradamente recebidas, formam no corpo a enfermidade idealizada.

Portanto, na questão saúde-doença, a ligação mental deve sempre ser levada em consideração, "porquanto o doente que se compraz na aceitação e no elogio da própria decadência acaba na posição de excelente incubador de bactérias e sintomas mórbidos" (29).

Neste estado mental, fica difícil receber qualquer ajuda espiritual. Ao contrário dessas pessoas pessimistas e incubadoras de moléstia, há as que se beneficiam dos fluidos espirituais que lhes são colocados à disposição, porque, embora sofram com as doenças que são consequências de atos negativos de vidas pregressas, ouvem na acústica da alma o apelo para se concentrar no bem, e voltar a integrar-se na corrente de vida vitoriosa, por mudança de postura mental. (30)

Assim, tanto passistas quanto beneficiários não podem se esquecer de que nossos exemplos, maneiras, gestos e palavras, "geram idéias, que, à maneira de ondas criadoras, vão e vêm, partindo de nós para os outros e voltando dos outros para nós, com a qualidade do sentimento e pensamento que lhes infundimos, levantando-nos para o triunfo, ou impulsionando-nos para a derrota" (31).

O pensamento é, pois, a força que, devidamente orientada,

29) e 30) Libertação, cap. II, p. 30.
31) Entre a terra e o céu, cap. 20.

vai facilitar a produção de elementos de defesa do organismo, fortalecendo o arsenal de células do sistema imunológico; sempre orientado pela consciência profunda, vai mobilizar os elementos de preservação ou defesa, destruindo os processos patogênicos.

Em resumo, no passe, temos fluidos que são movimentados pelos pensamentos os quais, por sua vez, são ondas eletromagnéticas típicas de cada ser, esteja na condição de encarnado ou desencarnado.

A penetração rápida com a cura instantânea depende do grau de pureza e da quantidade do fluido, orientada por uma vontade poderosa que carreia maior quantidade de ectoplasma, sustentando o objetivo a alcançar.

Referindo-se à cura pelo fluido magnético, Kardec acentua:

> Todas as curas desse gênero são variedades do magnetismo e só diferem pela intensidade e pela rapidez da ação. O princípio é sempre o mesmo: o fluido a desempenhar o papel de agente terapêutico e cujo efeito se acha subordinado à sua qualidade e a circunstâncias especiais. (32)

No caso das curas instantâneas, o que se tem é uma excelente qualidade do fluido com grande intensidade e rapidez da ação. Foi o que aconteceu na Gruta de Lourdes na cura de Marie Bailly, tendo a água como intermediária de fluidos de grande poder energético.

Quando a doação é mais lenta, não tão intensa, temos um processo de cura mais demorado, como foi o caso de Jayne Smith.

32) A gênese, cap. XIV.

Capítulo 5

ÁGUA, EXCELENTE CONDUTORA DE FLUIDOS

Quase dois terços do corpo humano é formado de água e o cérebro humano tem cerca de 80% de seu peso em água. Cada um de nós já foi um feto que se formou totalmente submerso em um mundo de água. É importante relembrar essas características no estudo da cura espiritual.

O cientista americano de pesquisas industriais, Robert N. Miller, e o físico e professor Philip B. Reinhart inventaram quatro instrumentos independentes para demonstrar que um pouco da energia emanando das mãos de um médium de cura pode dar início a uma alteração da ligação molecular entre o hidrogênio e o oxigênio das moléculas de água. Do mesmo modo, a irmã Justa Smith, médica, demonstrou que as irradiações das mãos de um passista podem aumentar o coeficiente de uma das enzimas do corpo - a tripsina - quando os cristais da tripsina são colocados em água destilada em um tubo de ensaio. (33)

As primeiras grandes lições do espírito André Luiz,

(33) As curas paranormais, cap. 19.

recebidas pela psicografia de Chico Xavier, sobre os benefícios da água surgiram em 1943, em seu livro de estreia *Nosso Lar* (cap.10). Entre as paisagens paradisíacas dessa cidade espiritual, está o Bosque das Águas, entrecortado de grama, flores perfumadas, árvores frondosas e um imenso rio azul de águas cristalinas. Acompanhando o médico desencarnado na visita ao local, Lísias explica que todo o volume do Rio Azul é absorvido em caixas imensas de distribuição e, destas, parte para ser servido em todas as atividades da colônia Nosso Lar. Após o uso, suas águas reúnem-se novamente, após os serviços da Regeneração, e voltam a constituir o rio, que prossegue o curso normal, rumo ao grande oceano de substâncias invisíveis para a Terra.

Quando da visita que fizeram, Lísias, o enfermeiro amigo de André Luiz, esclareceu que a água no além tem outra densidade, é muito mais tênue, pura, quase fluídica. E está sob a responsabilidade do Ministério da União Divina, onde trabalham os espíritos mais evoluídos. "Na Terra - ressaltou Lisias - quase ninguém cogita seriamente de conhecer a importância da água, aqui, no entanto, aprendemos a agradecer ao Pai e aos seus divinos colaboradores, semelhante dádiva". (34)

Explicou que "a água é o melhor e o mais poderoso condutor de fluidos de qualquer natureza", por isso são os componentes do Ministério da União Divina, os espíritos mais evoluídos, que promovem a sua purificação e magnetização em Nosso Lar. Uma vez purificada, segue rumo aos diversos institutos que a magnetizam com elementos específicos, fazendo-a assumir características curativas e alimentares. Após a utilização, os diversos afluentes reúnem-se novamente no

34) Nosso lar, cap. 10.

grande rio, que sai das imediações da colônia, levando consigo as características espirituais do local.

Diante do desapontamento de André Luiz com relação ao desconhecimento da importância da água pelos encarnados, Lísias explicou que isso ocorre, desde sempre, em virtude do orgulho exacerbado dos encarnados, que estimula o cultivo do poder ilusório. Essas imperfeições do espírito não permitem aos humanos ver claramente os benefícios oferecidos pelo Pai e Criador, e, entre eles, a real importância da água.

No futuro, há esperanças de que o homem copie os serviços de *Nosso Lar*. E finalizou, com sabedoria:

> Compreenderá, então, que a água, como fluido criador, absorve, em cada lar, as características mentais de seus moradores. A água, no mundo, meu amigo, não somente carreia os resíduos dos corpos, mas também as expressões de nossa vida mental. Será nociva nas mãos perversas, útil nas mãos generosas e, quando em movimento, sua corrente não só espalhará bênção de vida, mas constituirá igualmente um veículo da Providência Divina, absorvendo amarguras, ódios e ansiedades dos homens, lavando-lhes a casa material e purificando-lhes a atmosfera íntima. (35)

A recente obra *Mensagens da Água*, do físico japonês Masaru Emoto, traz os resultados das pesquisas feitas por ele. Durante oito anos consecutivos, recolheu amostras de água em várias partes do mundo, procurando detectar as suas características e os elementos que a influenciam.

Basicamente, a pesquisa constituiu-se na colheita da amostra de água, depois em levá-la ao ponto de congelamento e a observá-la, logo depois, em um microscópio de campo escuro. Nas experiências do doutor Emoto, a água foi submetida à ação de pensamentos, palavras e atos e a conclusão a que chegou

35) Nosso lar, cap. 10.

foi idêntica à da revelação descrita por Lisias: a água é uma excelente condutora de pensamentos, palavras e atos.

Por exemplo, quando dirigia palavras ou pensamentos positivos à água, tais como "Muito obrigado" ou "Amor", ou a submetia a uma música suave, o dr. Emoto constatava, no exame microscópico de campo escuro, a presença de cristais muito bonitos, bem estruturados; os chamados *clusters.*

Se fosse o contrário, quer dizer, se dirigisse a um jarro de água pensamentos ou palavras más ou negativas, tais como: "Eu vou te matar" ou o nome de algum personagem histórico reconhecidamente mau, depois do congelamento dessa água, os cristais não se formavam e o aspecto era bem feio ao microscópio. O livro do dr. Emoto é fartamente ilustrado com fotos que mostram os resultados das pesquisas. (36)

André Luiz antecipou em cerca de 60 anos o que esses estudos científicos estão demonstrando atualmente.

Tendo em vista a percentagem de água que entra na constituição do organismo físico, pode-se avaliar melhor, agora, quanto os fluidos que o atingem podem beneficiá-lo ou prejudicá-lo. Por isso mesmo, essas pesquisas vêm reforçar e incentivar um hábito das Casas Espíritas que é fornecer água fluidificada ou energizada aos usuários dos passes.

Normalmente, os doentes fluidificam as garrafas de água no Centro Espírita, em um ambiente de preces e passes, e a utilizam durante a semana como parte do tratamento.

Ambos - água magnetizada e passes - constituem-se na chamada fluidoterapia, que inúmeros benefícios, mensuráveis ou não, têm trazido às comunidades do nosso país. Durante o tratamento espiritual devemos sempre lembrar ao beneficiário o valor da água fluidificada, estimulando o seu uso.

36) Messages from water.

UMA BREVE NOTA SOBRE O SOPRO CURADOR

O sopro é empregado comumente no mundo espiritual como instrumento de cura, entre os encarnados, porém, ainda causa estranheza e é muito pouco utilizado.

Se é certo que podemos transmitir pelas mãos as energias radiantes, não é menos verdadeiro que isto pode ser feito pela boca, um dos orifícios naturais do corpo humano, por onde essas energias transitam livremente.

Em livros conceituados de pesquisa sobre materialização, é possível ver dezenas de fotos mostrando a saída de ectoplasma de forma abundante pela boca e pelos ouvidos dos médiuns. É natural, portanto, que o sopro contenha esse elemento fundamental na realização da cura espiritual.

A própria Bíblia afirma o poder criador do sopro, ao referir-se à maneira como Deus nos criou: Ele assoprou na forma criada, comunicando-lhe o fôlego da vida. E o sopro da vida percorre a Criação inteira, porque o Hálito Divino ou fluido cósmico banha o Universo todo. Jesus curava com a imposição de mãos, mas também o fazia utilizando o sopro divino.

Na lide terrena, devido à grande perda de tempo com futilidades e preconceitos, não utilizamos todo o potencial de que somos dotados para o serviço de cura. Assim como utilizamos o passe, também poderíamos empregar o sopro curativo em favor dos que sofrem, multiplicando os benefícios.

No mundo espiritual, o sopro é empregado normalmente por técnicos que vivem no rigor da disciplina, procurando conservar a pureza da boca e a santidade das intenções.

E nós, encarnados, poderíamos utilizá-lo? Vejamos o que nos responde o Instrutor Alfredo:

> Para que o sopro se afirme suficientemente, é imprescindível que o homem tenha o estômago sadio, a boca habituada a falar o bem, com abstenção do mal, e a mente reta, interessada em auxiliar. Obedecendo a esses requisitos, teremos o sopro calmante e revigorador, estimulante e curativo. Através dele, poder-se-á transmitir também na Crosta, a saúde, o conforto e a vida. (37)

37) Os mensageiros , cap. 19.

SEGUNDA PARTE - COMO É QUE SE DOA?

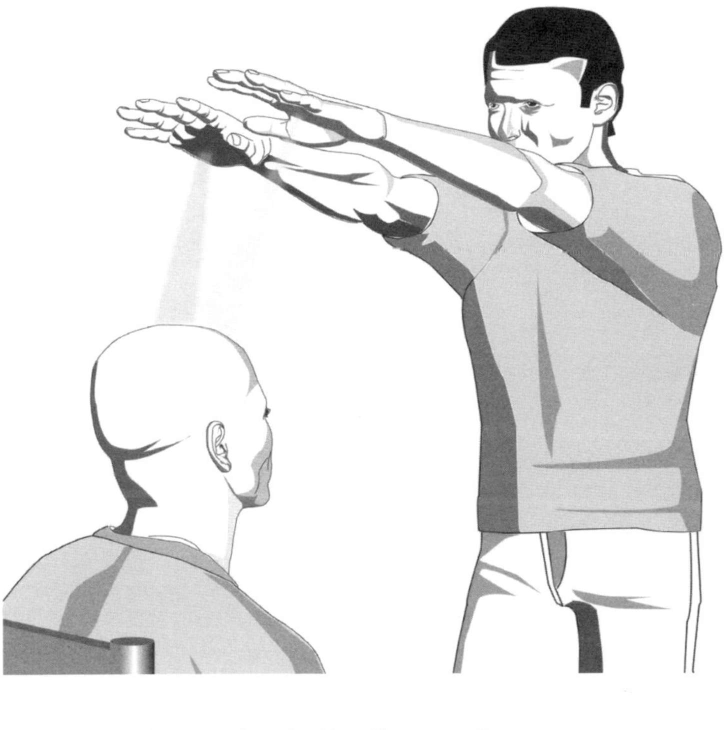

Constituição do ser humano

A alma e seus corpos: corpo mental; corpo espiritual; corpo vital; corpo causal, corpo físico

Saúde na visão integral

Capítulo 6

CONSTITUIÇÃO DO SER HUMANO

Para saber como o passista doa as energias de cura e para se ter idéia de como o beneficiário as recebe, é recomendável estudar a constituição do ser humano. O agente de saúde terá, dessa maneira, uma idéia muito mais nítida da trajetória seguida pelo fluido magnético no binômio doador-receptor.

Quando tocado pelo verdadeiro espírito de humildade, o doador procura abrir todos os seus canais de percepção para seguir as instruções dos protetores espirituais e melhor desempenhar suas funções como agente de saúde. Compreendendo o valor desse estudo, vamos deter-nos nele em alguns capítulos, ainda que de forma resumida.

O ser humano é constituído de alma, corpo físico e corpos sutis; e é, portanto, muito mais complexo do que se consegue visualizar a olho desarmado ou por meio da tecnologia médica existente.

Para detectar a matéria que entra na constituição de todos os envoltórios, inclusive a do corpo orgânico, a física terá que avançar muito mais em suas pesquisas, tendo em vista que a revelação espiritual afirma que o universo é inteiramente banhado por matéria elementar ou Hálito Divino; que o elétron é também partícula dissociável e a matéria física, mesmo a mais pesada e volumosa, é constituída de luz coagulada. (38)

Os Instrutores Espirituais afirmam ainda que enxergamos apenas uma oitava parte do que acontece ao nosso redor, o que nos dá idéia do quanto a Ciência terá que avançar para descobrir as múltiplas dimensões da vida e o tipo de matéria que entra na constituição de cada uma delas, o que significa decifrar os múltiplos arranjos ou modos de coagulação da luz, que entram na formação das partículas dessas diferentes dimensões (39).

Em 1975, os físicos norte-americanos, Bob Toben e Fred Alan Wolf, no livro *Space Time and Beyond*, enunciaram um postulado muito semelhante ao revelado no livro *E a Vida Continua...* da Coleção André Luiz: "a matéria não é nada mais do que luz capturada gravitacionalmente" (40).

Esperamos que a constatação e os desdobramentos dessa verdade nos levem a mais amplas conquistas no campo espiritual.

Nada nos foi revelado quanto à constituição do Princípio Espiritual ou Espírito; sabemos, porém, que ele conclui o primeiro estágio evolutivo, após passar, ao longo da escala filogenética, pelo crisol de bilhões de anos de experiências, animando desde seres unicelulares aos pluricelulares, até completar a construção do corpo humano e dos envoltórios sutis.

38) Evolução em dois mundos, cap. 1. E a vida continua..., cap. 9.
39) Revelações espirituais dos livros Os mensageiros, cap. 15; Evolução em dois mundos, cap. 3; E a vida continua, cap. 9.
40) Space, time and beyond, 1987, p. 47 e 146.

Na verdade, ele já passou por um número incontável de existências, desde os seres mais simples, quando era "crisálida de consciência", até conquistar a condição humana e continuará reencarnando até atingir a condição de Espírito puro, que não mais precisa retornar, por meio da reencarnação, ao mundo material.

O ser humano é constituído, portanto, além do corpo físico, de Espírito, corpo mental, e perispírito e, ao passar pela matéria, ele tem a oportunidade de evoluir. Não se pode esquecer, principalmente em um livro como este, que aborda as curas espirituais, que o corpo físico "não é apenas um vaso divino para o crescimento de nossas potencialidades, mas também uma espécie de carvão milagroso, absorvendo-nos os tóxicos e resíduos de sombra que trazemos no corpo substancial" (41).

De fato, o corpo físico filtra as impurezas do perispírito. Este, por sua vez, é também corpo estruturado em bilhões de células, que se caracterizam por atividade incessante e mantém interdependência com o físico, embora o caráter autônomo de cada envoltório. (42)

Mas é preciso ter em mente que o Espírito é que mantém a coesão e o equilíbrio de tudo com o comando mental e por intermédio das oscilações inestancáveis do pensamento. Desse modo, as células sofrem o impacto constante das radiações mentais e absorvem os princípios de ação e reação deste ou daquele teor. Assim, os processos de saúde e enfermidade, de harmonia e desarmonia são associados e desassociados, conforme a direção que lhe confere a vontade.Vejamos, a seguir, os vários corpos da alma.

41) Entre a terra e o céu, cap. 10.
42) Mecanismos da mediunidade, cap. 22.

CORPO MENTAL

Conceituado como "o envoltório sutil da mente", muito pouco se sabe acerca do corpo mental. Quanto à sua existência, André Luiz informa o seguinte:

> Para definirmos de alguma sorte, o corpo espiritual, é preciso considerar, antes de tudo, que ele não é reflexo do corpo físico, porque, na reali¬dade, é o corpo físico que o reflete, tanto quanto ele próprio, o corpo espiritual, retrata em si o corpo mental que lhe preside a formação. (43)

No mesmo livro, em nota de rodapé, André Luiz recomenda que se considerem válidos os estudos já realizados por outras escolas espiritualistas a respeito dele. O cientista desencarnado enfatiza que o corpo mental dá origem ao corpo espiritual, portanto, seria um erro englobá-lo neste último. Ele forma um dos envoltórios da alma: "A produção dos pensamentos é função exclusiva do corpo mental".

43) Evolução em dois mundos, cap. 2.

Capítulo 7

CORPOS SUTIS: PERISPÍRITO OU CORPO ESPIRITUAL

O perispírito é o envoltório sutil do Espírito que lhe serve de intermediário para atuar na matéria física ou no plano em que se encontre. Na *Segunda Epístola aos Coríntios*, Paulo de Tarso narra uma experiência da qual foi protagonista, denominando-o corpo espiritual. A respeito dele, o Codificador nos diz que é, o corpo fluídico dos Espíritos, "um dos mais importantes produtos do fluido cósmico"; acrescentando a bela imagem: " é uma condensação desse fluido em torno de um foco de inteligência ou alma" (44).

De fato, o espírito, que é o princípio inteligente do universo, condensa o fluido cósmico em torno de seu poderoso foco, a fim de poder interagir nos planos em que estagia.

E Kardec acentua: "O corpo perispirítico e o corpo carnal têm pois origem no mesmo elemento primitivo; ambos são matéria, ainda que em dois estados diferentes" (45).

44) e 45) A gênese, cap. XIV.

De fato, no caso do perispírito, o fluido cósmico deve sofrer uma transformação molecular em outras bases, ainda ignoradas, com características vibratórias distintas, porque não se extingue com a morte física, continuando a servir em sua função de envoltório espiritual.

A natureza do envoltório sutil está sempre relacionada ao grau de adiantamento moral do Espírito. Há uma grande quantidade de espíritos desencarnados nos quais ele se apresenta de tal forma grosseiro, pastoso, que parece pertencer ainda ao mundo físico (46).

O instrumento perispirítico do selvagem, por exemplo, está de tal maneira condensado que parece integrado à matéria mais densa. Kardec diz que este número é muito grande e recomenda ver exemplos de Espíritos assim na *Revue Spirite* (dez. 1859, nov. 1864; abr. 1865).

Assim como a evolução da forma física deu-se ao longo de bilhões de anos, também o corpo espiritual vem evoluindo no mesmo período no mundo espiritual. E é a sua evolução que determina o progresso da matéria física, conforme instruem os Espíritos, notadamente André Luiz em *Evolução em Dois Mundos,*

> O prodigioso corpo do homem na Crosta Terrestre foi erigido pacientemente, no curso dos séculos, e o delicado veículo do Espírito, nos planos mais elevados, vem sendo construído, célula a célula, na esteira dos milênios incessantes... (47).

E o instinto e a inteligência dos primórdios da nossa evolução espiritual, pouco a pouco vão se transformando em conhecimento e responsabilidade; semelhante renovação outorga ao ser mais avançados meios de manifestação. Uma leitura atenta

46) A gênese, cap. XIV.

47) Entre a terra e o céu, cap. 21.

da obra de Kardec traz à luz o fato de que o perispírito é ele próprio formado de várias camadas, como também assinala o Espírito André Luiz (48).

De fato, quanto ao perispírito ou corpo espiritual, as revelações confluem para um modelo composto de camadas, tipo "cebola". Neste seu modelo de cebola, ele engloba vários corpos, como o vital (duplo etérico), o astral, e o causal.

O corpo espiritual é constituído de uma estrutura eletromagnética, formada de elétrons e fotons, iguais aos que integram o corpo físico, porém, "em outras características vibratórias" (49). Ainda sobre ele, resumimos as informações de Emmanuel, o Espírito Guia de Chico Xavier (50): 1. É ainda um corpo organizado, molde fundamental da existência para o homem; 2. Subsiste após a morte física, ocupando, no mundo espiritual, região própria, dependendo do seu peso específico; 3. É formado por substâncias químicas que obedecem a uma escala periódica de elementos, semelhante à de Mendeleev, mas em outra faixa vibratória; 4. Modifica-se sob o comando do pensamento; 5. Encontra-se submetido às leis de gravidade no plano em que está.

O perispírito é, pois, formação sutil, túnica eletromagnética, urdida em recursos dinâmicos, extremamente porosa e plástica, que em tudo se assemelha ao corpo físico, mas em cuja tessitura entram trilhões de células noutra faixa vibratória. O corpo espiritual varia, portanto, de conformidade com a evolução do espírito. E determina o lugar para onde vamos, após a morte física, em virtude do seu peso específico, que espelha, em última análise, a evolução do mundo mental.

48) Ver O livro dos espíritos, q. 257; e também Saúde e espiritismo, no artigo de Elzio Ferreira de Souza, Perispírito e chacras.
49) Missionários da luz, cap. 9.
50) Roteiro, cap. 6.

Nossa posição mental determina o peso específico do nosso envoltório espiritual e, consequentemente, o "habitat" que lhe compete. Mero problema de padrão vibratório. Cada qual de nós respira em determinado tipo de onda. Quanto mais primitiva se revela a condição da mente, mais fraco é o influxo vibratório do pensamento, induzindo a compulsória aglutinação do ser às regiões da consciência embrionária ou torturada, onde se reúnem as vidas inferiores que lhe são afins. (51)

Como vemos, o pensamento é tudo. A produção deles, da nossa vida mental, está subordinada à nossa evolução espiritual. O perispírito manifesta o equilíbrio ou desequilíbrio do nosso espírito, e, consequentemente, passa para o nosso corpo físico o estado em que se encontra. Ele espelha o tipo de pensamento que nos flui da vida íntima. Quanto mais nos avizinhamos da esfera animal, maior é a condensação obscurecente de nossa organização, e quanto mais nos elevamos ao preço de esforço próprio, no rumo das gloriosas construções do espírito, maior é a sutileza de nosso envoltório, que passa a combinar-se facilmente com a beleza, com a harmonia e com a luz reinante na Criação Divina. (52)

Vai chegar um momento, por isso mesmo, em que vamos perder esse envoltório. "Quando estivermos aptos a deixar, em definitivo, o caminho das formas, colocando-nos na direção das esferas do Espírito Puro, onde nos aguardam os inconcebíveis, os inimagináveis recursos da suprema sublimação. (53)

51) e 52) Entre a terra e o céu, cap. 20.
53) Entre a terra e o céu, cap. 21.

CENTROS DE FORÇA DO CORPO ESPIRITUAL

Aprendemos com os Espíritos Instrutores que

> o nosso corpo de matéria rarefeita está intimamente regido por sete centros de força, que se conjugam nas ramificações dos plexos e que, vibrando em sintonia uns com os outros, ao influxo do poder diretriz da mente, estabelecem, para nosso uso, um veículo de células elétricas, que podemos definir como sendo um campo eletromagnético, no qual o pensamento vibra em circuito fechado". (54)

São sete os chacras ou centros de força do perispírito: o coronário, o cerebral, o laríngeo, o cardíaco, o gástrico, o esplênico, e o genésico. Esses centros refletem o nosso mundo mental. "Tal seja a viciação do pensamento, tal será a desarmonia no centro de força, que reage em nosso corpo a essa ou àquela classe de influxos mentais."

Somente quando os nossos centros de força estiverem em absoluta harmonia é que conseguiremos alcançar o perfeito equilíbrio. Aprendemos também que são eles, os centros vitais ou centros de força, que imprimem "às células a especialização extrema", que são observadas no corpo físico e que estão presentes também, de igual modo, no corpo espiritual. Assim é que eles são responsáveis pelas células que produzem fosfato e carbonato de cálcio para a construção dos ossos, as que se distendem para a cobertura do intestino, as que desempenham complexas funções químicas no fígado, as que se transformam em filtros do sangue na intimidade dos rins e outras tantas que se ocupam do fabrico de substâncias indispensáveis à conservação e defesa da vida nas glândulas, nos tecidos e nos

54) Entre a terra e o céu, cap. 20.

órgãos que nos constituem o cosmo vivo de manifestação. (55)

Todas essas funções são desempenhadas, automaticamente, sob a orientação da alma.

Desde o seio tépido do oceano, "quando as formações protoplásmicas nos lastrearam as manifestações primeiras", essas células, formadas de fluido cósmico, obedecem às ordens do Espírito. Evoluindo, lentamente, vemo-nos, agora, carreando trilhões de células domesticadas em nosso envoltório perispirítico, entre estas estão as que formam os centros de força.

Quando a nossa mente, por atos contrários à Lei Divina, prejudica a harmonia de qualquer um desses fulcros de força de nossa alma, naturalmente se escraviza aos efeitos da ação desequilibrante, obrigando-se ao trabalho de reajuste.

A ação desequilibrante expressa-se por enfermidade ou transtornos diversos, que nos compete tratar e reajustar. Vamos detalhar agora as funções dos sete centros de força. (56)

CENTRO CORONÁRIO

Localizado na região central do cérebro, comanda os demais, vibrando em regime de interdependência. Também conhecido como "flor de lótus de mil pétalas", tem alto potencial de radiações. É a sede da mente, da consciência e são suas funções:

- Integrar corpo-espírito: os estímulos do espírito chegam aí em primeiro lugar.
- Transmitir aos demais centros vitais sentimentos, ideias e ações, em regime de interdependência.
- Fixar, de forma automática, a natureza da responsabilidade: consequências felizes ou infelizes das ações.

55) Evolução em dois mundos, cap. 2.

56) Todo este capítulo foi baseado principalmente em Evolução em dois mundos, cap. 2; e Entre a terra e o céu, cap. 20.

- Difundir corrente de energia vitalizante por toda matéria mental à sua volta.
- Produzir energias de sustentação do sistema nervoso.
- Alimentar as células do pensamento e demais recursos eletromagnéticos.
- Promover a estabilidade orgânica.
- Assimilar as energias solares e os raios da Espiritualidade Superior.
- Orientar a consciência, a forma, o movimento, a estabilidade, o metabolismo.
- Supervisionar os demais centros de força, usando redes plexiformes que unem o corpo físico ao corpo espiritual.

CENTRO CEREBRAL

- É contíguo ao coronário, tem influência decisiva sobre os demais.
- Governa o córtex encefálico na sustentação dos sentidos (visão, audição, tato, etc.).
- Atua sobre as glândulas endócrinas
- Administra, organiza e coordena o sistema nervoso.
- Atua na vasta rede de processos de inteligência: palavra, cultura, arte, saber.
- Comanda o núcleo endócrino, referente aos poderes psíquicos.

CENTRO LARÍNGEO

- Controla notadamente a respiração e a fonação.
- Preside as funções do timo, da tireóide e das paratireóides.

CENTRO CARDÍACO

- Conectado ao coração.
- Dirige a emotividade e a circulação das forças de base.
- Sustenta o equilíbrio geral.

CENTRO ESPLÊNICO

- Sediado no baço.
- Está ligado ao sistema hemático.
- Controla as variações de meio e volume sanguíneo.
- Regula a distribuição e a circulação adequada dos recursos vitais.

CENTRO GÁSTRICO

- Responsabiliza-se pela digestão e absorção dos alimentos.
- Regula a penetração dos concentrados fluídicos.

CENTRO GENÉSICO

- Localiza-se no santuário do sexo.
- Modela novas formas.
- Estabelece estímulos criadores.
- Favorece o trabalho, a associação e a realização entre as almas.

Capítulo 8

CORPOS SUTIS - CORPO VITAL OU DUPLO ETÉRICO

O corpo vital é também denominado duplo etérico e constitui a parte mais periférica do perispírito ou corpo espiritual. Nesse corpo é que circulam as forças radiantes também conhecidas como ectoplasma ou fluido magnético.

Conhecido desde longa data das religiões orientais, é enfatizado, no século XIX, pelos Mentores Espirituais, como sendo um elo semimaterial, que une o espírito à matéria. Allan Kardec dedicou-lhe muitas páginas de estudo, aprendendo com os Espíritos Instrutores a chamá-lo de fluido ou princípio vital (57).

Na questão 427 de *O Livro dos Espíritos*, quando Kardec pergunta diretamente aos Espíritos Instrutores qual a natureza do fluido magnético recebe como resposta inequívoca: "Fluido vital, eletricidade animalizada, que são modificações do fluido universal".

No livro *A Gênese*, o Codificador também enfatiza:

57) O livro dos espíritos, cap. 4.

> (...). há na matéria orgânica , um princípio especial, inapreensível e que ainda não pode ser definido: o princípio vital. Ativo no ser vivente, esse princípio acha-se extinto no ser morto, mas nem por isso deixa de dar à substância propriedades que a distinguem das substâncias inorgânicas. (58)

Assim, pois, o estudo da natureza do fluido magnético, aquele que é oferecido comumente pelo doador ou passista, leva, automaticamente, à análise do duplo etérico.

Com a desencarnação ou morte física, a alma perde esse envoltório, quer dizer, a matéria que o preenche desaparece, sendo dispersa no ambiente da crosta terrestre. Uma vez desencarnado, porém, o espírito preencherá essa parte mais periférica do corpo espiritual com matéria própria da dimensão em que está. É por isso que existe também, conforme relatos mediúnicos, fenômenos de materialização no mundo espiritual.

Quando está encarnado, o Espírito preenche esse corpo vital ou duplo etérico com fluido vital, mais conhecido como ectoplasma. Sem este, não há vida orgânica, não há cura espiritual, nem fenômenos de materialização dos espíritos. O termo ectoplasma foi criado pelos investigadores da Metapsíquica, de modo que foi mais utilizado em um tempo posterior a Kardec. No mundo espiritual, esses fluidos semimateriais que compõem o corpo vital são conhecidos com a denominação de energias radiantes. Algo importante a destacar é que elas circulam principalmente na corrente sanguínea.

Quando falamos na parte doada pelo médium - o ectoplasma -, evidentemente, estamos simplificando, porque há que se considerar também os fluidos espirituais que se juntam a ele, doados pelos Espíritos Protetores. São estes, os

58) A gênese, cap. 10.

desencarnados, que melhor dirigem e aproveitam energias dessa natureza, manipulando-as em favor do paciente. Quando o médium é humilde, disciplinado, e tem espírito de sacrifício, produz mais, porque o ectoplasma obedece mais docilmente ao comando do Espírito, à sua vontade e determinação.

Por onde transita o ectoplasma no corpo humano? No sangue. O fluido vital corre por todo o sistema hematopoiético; circula por todo o corpo e está presente nas minúsculas artérias e veias, levando a nutrição, não apenas física, mas também espiritual a todas as células.

De onde se origina o ectoplasma? Da matéria elementar primitiva ou fluido cósmico, presente em todo o Universo. Esse fluido é absorvido pelo organismo físico, principalmente por meio da respiração, e sua metabolização deve estar diretamente ligada à cadeia de aproveitamento do oxigênio no organismo, que inclui órgãos importantes, como os pulmões, a corrente sanguínea, e as organelas celulares, como as poderosas usinas microscópicas, conhecidas como mitocôndrias, produtoras do ATP, a moeda de troca energética do organismo, também conhecido como triptofano.

> Por intermédio dos mitocôndrios, que podem ser considerados acumulações de energia espiritual, em forma de grânulos, assegurando a atividade celular, a mente transmite ao carro físico a que se ajusta, durante a encarnação, todos os seus estados felizes ou infelizes, equilibrando ou conturbando o ciclo de causa e efeito das forças por ela própria libertadas nos processos endotérmicos, mantenedores da biossíntese. (59)

Os pesquisadores em Medicina Energética devem estar atentos, portanto, aos elementos que fazem parte da cadeia de assimilação do oxigênio e de eliminação do dióxido de carbono (CO_2), para saber mais sobre a transformação do

59) Evolução em dois mundos, cap. 8.

fluido cósmico em ectoplasma. Isto é importante porque é esse fluido que determina o número de anos que a pessoa viverá na Terra. Tudo indica, porém, que os seres humanos não nascem com a quantidade total de ectoplasma que vão utilizar até o término da vida física, mas, sim, com a capacidade de produção determinada geneticamente.

Com certeza deve haver um mecanismo de comunicação entre os genes mitocondriais, que estão localizados no citoplasma, e os do núcleo celular, onde está o genoma propriamente dito, porque o fenômeno de apoptose ou de morte celular, segundo pesquisas recentes, é determinado pela mitocôndria. Quando se diz, portanto, que a duração da vida está determinada ao nascer, na verdade, o postulado está se referindo ao controle genético da produção de fluido vital pela mitocôndria.

Desse modo, fica também mais fácil compreender que a maior ou menor capacidade de cura esteja, talvez, vinculada aos genes mitocondriais por mecanismos ainda desconhecidos e que deverão fazer parte do estudo da neurofisiologia da mediunidade, no futuro. Também devemos procurar nesses genes a explicação para os casos de moratória, quer dizer de pessoas que vivem, fisicamente, além do prazo preestabelecido ao nascer, assim como o de outras que perdem a existência mais cedo, por desperdício desse fluido precioso, em doloroso processo de suicídio indireto.

Qual a matéria que entra na constituição do ectoplasma? Embora praticamente nada se saiba sobre isso, tudo indica que haja uma matéria para cada envoltório da alma, porque eles são constituídos por diversificações do fluido cósmico. Há, portanto, uma matéria própria que entra na constituição dessas energias radiantes que fazem parte do corpo vital.

Há alguma evidência física dessa energia? Já informamos que o ectoplasma pode ser visto, tornar-se visível, nas sessões de materialização. (60) Os desencarnados manipulam essa massa informe e tornam-se visíveis, comunicando-se, diretamente, com os chamados "vivos". Quando exteriorizado, o ectoplasma tem uma coloração esbranquiçada, a temperatura mais fria do que a dos tecidos corpóreos e apresenta movimentos reptilianos.

William Crookes, o sábio inglês que fez notáveis sessões de materialização com a médium Florence Cook e pesquisou por mais de três anos o espírito materializado de Katie King, afirma que suas experiências o levaram à descoberta de uma nova força no ser humano. (61)

Segundo observou, essa força procede do Sistema Nervoso e é ligada de uma forma desconhecida ao organismo humano, sendo capaz, na esfera de sua influência, de dar aos corpos sólidos movimento e peso. E, para maior clareza, chama-a de força psíquica. "Constatei que esta força é emitida por pulsações intermitentes sob a forma de uma pressão", afirma Crookes.. E a descreve como um elemento viscoso muito semelhante à gelatina, uma espécie de proteína, que cheira um pouco como o ozônio no momento em que sai do organismo.

Ainda não há pesquisa laboratorial do ectoplasma. André Luiz ensina que o duplo etérico é

> "formado por emanações neuropsíquicas que pertencem ao campo fisiológico e, que, por isso mesmo, não consegue maior afastamento da organização terrestre, destinando-se à desintegração, tanto quanto ocorre ao instrumento carnal, por ocasião da morte renovadora". (62)

60) O dom da mediunidade, caps. 17, 18,19.

61) The quarterly journal of science, Experimental investigation of a new force, 1º jul. 1871.

62) Nos domínios da mediunidade, cap. 11.

Chega-se à conclusão que, do mesmo modo que existem os elementos da escala de Mendeleev, para a matéria física, há outras escalas periódicas desconhecidas, que formam a matéria de base dos outros envoltórios. Segundo André Luiz e Emmanuel, esses elementos que constituem o perispírito vão aquém do hidrogênio e além do urânio. Tudo indica, portanto, que temos de investir na descoberta dessas novas famílias de partículas.

É importante ressaltar também que é uma matéria com propriedades muito especiais, porque o ectoplasma ora pode tornar-se visível ora permanecer gasoso, de forma dispersa, invisível aos olhos humanos. Como nada sabe acerca da natureza desse fluido, da matéria que entra na sua constituição, a ciência estabelecida não aceita o vitalismo, a presença do fluido vital ou ectoplasma nas células orgânicas.

Sabemos que as escolas vitalista e mecanicista coexistiram, durante muitos séculos, e ainda estão presentes, no campo científico e filosófico; a primeira, preconizando a existência de uma "substância" essencial ao funcionamento das células dos seres vivos; a segunda, reduzindo tudo às propriedades do quimismo celular.

Embora a maioria dos cientistas esteja convicta de que a vida se restringe a um mero jogo de forças físico-químicas, esse paradigma não explica a extraordinária complexidade da filogênese e da ontogênese, nem inúmeros outros fenômenos de ordens mental e psíquica da vida humana.

Com o devido respeito às teorias vigentes, ousamos dizer que o vitalismo permanecerá como um dos fundamentos do ser vivo. Reestruturado em novas bases, vai se tornar, para a biologia, uma idéia recorrente, assim como o éter o é para a física; e ousamos dizer mais: ele vai se implantar, definitivamente, devido à dificuldade de se explicar a complexidade do ser vivo, sem os campos informacionais imateriais, que fazem parte intrínseca dele.

Restam, porém, alguns poucos cientistas que defendem o vitalismo, não mais na concepção antiga, mas tendo por base os campos informacionais imateriais modeladores da matéria viva, entre eles, Harold de Saxton-Bürr, Hernani Guimarães Andrade e Rupert Sheldrake. Todos eles possuem protocolos de pesquisa muito bem elaborados, com excelentes resultados práticos e que estão à disposição dos interessados na produção desses autores.

Capítulo 9

CORPO CAUSAL

No livro *Nosso Lar* (cap. 12), aprendemos que o corpo causal é um dos constituintes do perispírito, formado da roupa imunda, tecida por nossas mãos nas vidas anteriores. A esse respeito, Elzio F. Souza comenta (63): "verificamos que o corpo causal é o ponto de registro, o banco divino, onde se encontram os nossos débitos e os nossos créditos" e que se, presentemente, é ainda uma roupa imunda, isso ocorre por desídia nossa, pois a tarefa reencarnatória se destina a "nos purificarmos pelo esforço da lavagem", tarefa que, na maior parte das vezes, não empreendemos.

As explicações são do Espírito Lísias, visitador dos serviços de saúde:

> Imagine, explicava Lísias, que cada um de nós, renascendo no planeta, é portador de um fato sujo, para lavar no tanque da vida humana. Essa roupa é o corpo causal, tecido por nossas mãos nas experiências anteriores. Os hindus denominam-no *kâranakosha* (corpo causal) ou *anandamaykosha* (corpo de bem-aventurança), o corpo de luz, naturalmente porque se reportam a ele quando devidamente depurado. (61)

63) Saúde e espiritismo, no artigo de Elzio Ferreira de Souza, Perispírito e chacras.

O corpo causal está diretamente ligado à conta do destino, quer dizer, ao carma, ao produto de nossas vidas anteriores e que, geralmente, precisa ser refeito por apresentar imperfeições. Os desequilíbrios circulam nesse envoltório e são responsáveis pelo aparecimento de doenças, segundo a lei de ação e reação.

AURA, O NOSSO CARTÃO DE VISITA

Com esta explicação, os Espíritos chamaram a atenção de Kardec para a aura - espécie de atmosfera que se irradia do corpo, formada por pensamentos e produções espirituais:

> O Perispírito não se acha encerrado nos limites do corpo, como uma caixa. Por sua natureza fluídica, ele é expansível, irradia para o exterior e forma, em torno do corpo, uma espécie de atmosfera que o pensamento e a força da vontade podem dilatar mais ou menos. Daí segue que pessoas há que, sem estarem em contato corporal, podem achar-se em contato com seus perispíritos e permutar a seu mau grado impressões e, algumas vezes, pensamentos, por meio da intuição. (64)

André Luiz (65) também tem importantes lições sobre o tema:

> Assim é que o halo vital ou aura de cada criatura permanece tecido de correntes atômicas sutis dos pensamentos que lhe são próprios ou habituais, dentro de normas que correspondem à lei dos quanta de energia e aos princípios da mecânica ondulatória, que lhes imprimem frequência e cor peculiares. Essas forças, em constantes movimentos sincrônicos ou estado de agitação pelos impulsos da vontade, estabelecem para cada pessoa uma onda mental própria.

A alma encarnada ou desencarnada está envolvida na própria aura ou túnica de forças eletromagnética em cuja tecitura circulam as irradiações que lhe são peculiares. Na verdade, a

64) Obras póstumas, cap. Manifestações dos e spíritos, itens 10 e 11.
65) Matéria mental, cap. 4.

aura é o nosso cartão de visita. A nossa "plataforma onipresente" (66) em toda comunicação com os espíritos. Por ela somos visitados, conhecidos e examinados pelas inteligências superiores, do mesmo modo que somos sentidos e reconhecidos por nossos afins e temidos e hostilizados ou amados e auxiliados por irmãos que caminham em posição inferior à nossa.

A psicóloga norte-americana, Edith Fiore (67) enfatiza a importância da aura na saúde: "A aura está para a dimensão emocional, mental e espiritual de uma pessoa como o sistema de imunização está para o corpo físico". E complementa: "E assim como o sistema de imunização enfraquecido deixa o indivíduo suscetível a doenças e infecções, assim uma aura enfraquecida gera vulnerabilidade à invasão de espíritos". De fato, ela espelha a nossa condição espiritual mais íntima; por ela, somos conhecidos e contatados.

É preciso não esquecer que perispírito, centros de força, e aura exercem papéis fundamentais na mediunidade curadora, tanto quanto em qualquer outro tipo de faculdade. E, é claro, a glândula da vida mental - a epífise ou glândula pineal, que é fundamental no intercâmbio espiritual de qualquer natureza. Remetemos o leitor aos livros de minha autoria *A Obsessão e Suas Máscaras* (cap. 9, 1ª parte) e *O Dom da Mediunidade* (cap. 5), nos quais abordo mais amplamente aspectos da pineal.

66) Evolução em dois mundos, cap. 17.
67) Possessão espiritual, p. 140-142.

Capítulo 10

SAÚDE NA VISÃO INTEGRAL

Para a Organização Mundial de Saúde (OMS), saúde é o completo bem-estar físico, mental e social. Essa definição está sendo questionada no âmbito da própria OMS, por grupos de estudo especiais, que ela mesma estimula a pesquisar, em busca de outros fatores importantes, que interfiram no bem-estar da criatura humana, entre os quais o espiritual. Sem dúvida, para nós, o mais importante deles.

No paradigma médico-espírita, já há esse reconhecimento: saúde é o completo bem-estar biopsicossocioespiritual. Esse conceito resulta de uma visão muito mais abrangente que o Espiritismo tem do ser humano, que contempla o conjunto corpo-mente-espírito, em uma perspectiva evolutiva de bilhões de anos.

A questão saúde-doença no Espiritismo está, portanto, profundamente vinculada à lei de causa e efeito, ao carma, porque resulta da ação do Espírito sobre a matéria, segundo os cânones da responsabilidade individual ou da utilização do livre-arbítrio. O fato, por exemplo, de uma pessoa não exteriorizar doença, em determinados períodos da existência, não significa que esteja integralmente saudável, uma vez que os desequilíbrios e distonias de vidas passadas estão presentes na estrutura do corpo espiritual à espera de fatores que a desencadeiem, sendo o principal deles o próprio tempo.

É por isso que o estudo da cronogenética - que evidencia a expressão dos genes segundo o fator tempo - torna-se muito mais fascinante dentro do paradigma médico-espírita, justamente porque não recorre tão somente ao jogo de reações físicoquímicas e de fatores ambientais para explicá-la, mas conecta a responsabilidade do seu funcionamento ou da sua expressão ao comando da alma sobre os corpos sutis.

Submetida a leis automáticas e justas, compete à alma selecionar e determinar quais os genes que se expressarão, ao longo da existência, tangida por fatores internos e externos. E o fator tempo concebido de forma mais abrangente, porque expressa também as ações de vidas passadas. "Carma, expressão vulgarizada entre os hindus, que em sânscrito quer dizer 'ação', a rigor, designa 'causa e efeito', de vez que toda ação ou movimento deriva de causa ou impulsos anteriores." (68)

Na verdade, o carma ou "conta do destino criada por nós mesmos" faz parte do sistema de contabilidade da Justiça Divina, que cataloga não apenas as responsabilidades de cada espírito, perante as Leis Universais, mas também as de povos e raças, estados e instituições.

Tendo em vista que, em qualquer organização terrestre, se estabelece um regime de prestação de contas, é impossível supor que "a Casa de Deus, que é todo o Universo, não viveria igualmente sem ordem". (69) De tudo prestaremos contas:

68) e 69) Ação e reação, 83,VII e p. 84.

dos patrimônios materiais, riquezas da inteligência, tempo e forma, corpos diversos, afeições e rótulos honoríficos, enfim, de tudo que nos é concedido por Deus, como empréstimo para a evolução espiritual, que engloba sabedoria e amor.

Como enfatiza o Instrutor Espiritual Druso,

> (...) desde o electrão aos gigantes astronômicos da Tela Cósmica, tudo constitui reservas das energias de Deus, que usamos em nosso proveito, por permissão d'Ele, de sorte a promovermos, com firmeza, nossa própria elevação à Sua Majestade Sublime, (...) após conquistarmos a coroa da razão, de tudo se nos pedirá contas no momento oportuno, mesmo porque não há progresso sem justiça na aferição de valores. (70)

Na mesma linha de pensamento, ressalta o Benfeitor Clarêncio, que

> o nosso veículo sutil, tanto quanto o corpo de carne, é criação mental no caminho evolutivo, tecido com recursos tomados transitoriamente por nós mesmos aos celeiros do Universo (...) Tudo é trabalho da mente no espaço e no tempo, a valer-se de milhares de formas, a fim de purificar-se e santificar-se para a Glória Divina. (71)

A criatura humana vive, dessa forma, com os empréstimos que o Pai Celestial lhe confere. E de que forma utilizamos essas concessões? "Através de nossos pensamentos, palavras e atos, que nos fluem, invariáveis do coração, gastamos e transformamos constantemente as energias do Senhor (...)". (72)

Assim, nossa conta do destino é criada a partir do momento em que adquirimos o laurel da razão e vai sendo preenchida com as ações próprias do nosso espírito, ao longo dos séculos, sempre derivadas do modo como utilizamos as energias do Senhor. São anotadas, sobretudo, as intenções com que aplicamos os nossos sentimentos.

70) Ação e reação, VII, p. 85.
71) Entre a terra e o céu, cap. 20
72) Ação e reação, cap. 7.

Aprendemos com os Mentores Espirituais que a percentagem quase total das enfermidades humanas tem origem no psiquismo.

> Orgulho, vaidade, egoísmo, preguiça e crueldade são vícios da mente, gerando perturbações e doenças em seus instrumentos de expressão. As moléstias conhecidas no mundo e outras que ainda escapam ao diagnóstico humano, por muito tempo persistirão nas esferas torturadas da alma, conduzindo-nos ao reajuste. (73)

No mesmo teor de idéias, no século XVIII, Mesmer (74) afirmava que "às causas físicas deve-se juntar a influência das causas morais". Ensinava que o orgulho, a inveja, a avareza, a ambição, todas as paixões aviltantes do espírito humano são também causas invisíveis de doenças visíveis. Para ele, o magnetismo animal não cura os males morais, os da alma.

Emmanuel simplifica tudo afirmando: "Saúde é a perfeita harmonia da alma". (75) Para atingir este estágio, é preciso evoluir muitíssimo na aquisição do conhecimento e do amor. Por isso mesmo, Jesus deixou o padrão ideal de cura para o mundo, Ele não apenas curava o físico como advertia o beneficiário de que não deveria voltar a pecar, a incidir nos mesmos erros morais que lhe ocasionaram a doença. Aprendemos também com o Cristo que os passes podem auxiliar a criatura encarnada na mudança, inclinando-a à melhora da conduta moral para o bem. De fato, é preciso ter vontade sincera de renovação, apoiada na fé, para alcançar a verdadeira cura.

73) Entre a terra e o céu, cap. 21.
74) A ciência negada e os textos escondidos, introdução.
75) O consolador, cap. 5, q. 95.

CONSCIÊNCIA, PERISPÍRITO E RECAPITULAÇÃO

Aprendemos que o remorso é automático, e surge em consequência da prática do mal ou de ato contrário à lei do amor, à lei universal de Deus, que está inscrita na consciência do ser humano. (76) Embora reconheça que há muita misericórdia nos caminhos do Senhor, a consciência está vigilante e aponta sempre para o erro a ser corrigido.

É por isso que, depois de passarmos largos anos em serviço nas zonas espirituais da Terra, entramos espontaneamente na faixa de recordações menos felizes, identificando novas extensões de nosso carma ou de nossa "conta" e,

> embora sejamos reconhecidos à benevolência dos Instrutores e Amigos que nos perdoam o passado menos digno, jamais condescendemos com as nossas próprias fraquezas, (...) vemo-nos impelidos a solicitar das autoridades superiores novas reencarnações difíceis e proveitosas que nos reeduquem ou nos aproximem da redenção necessária. (77)

As faltas vincam o perispírito. Por sua própria constituição, o corpo espiritual é profundamente marcado pela atividade mental, funcionando como uma chapa muito sensível, que recebe a impressão de pensamentos e atos que a alma produz, refletindo-lhe a iluminação ou a inferioridade. E a alma é compelida a recapitular para buscar o reajuste.

Assim, no estudo de toda patogenia ou doença, é preciso levar o perispírito em consideração, mesmo porque a cura do corpo físico está diretamente subordinada à cura desse envoltório espiritual. Se não fizermos isto, as nossas conclusões em matéria de saúde e doença serão falhas e incompletas; tendo

76) O livro dos espíritos, q. 621.
77) Ação e reação, cap. 7.

em vista o que já vimos, a criatura pode apresentar-se aparentemente saudável e já trazer no perispírito as marcas indeléveis da doença que eclodirá um pouco mais adiante, segundo a lei de ação e reação em que o tempo é o principal fator desencadeante. Segundo esta lei, a regra é sempre a mesma: quando ferimos alguém, antes de tudo, ferimos e prejudicamos a nós mesmos.

É por isso que

> "as ações de vidas passadas falam em nós com gritos de credor exigente, amontoando sobre as nossas cabeças os frutos amargos da plantação que fizemos. (...) Daí, os desajustes e enfermidades que nos assaltam a mente, desarticulando-nos os veículos de manifestação". (78)

Muitos casos de transtornos mentais, como os de depressão, ansiedade, fobia, estão diretamente relacionados a essas distonias do perispírito. André Luiz ensina que

> muitas dessas afecções tem seus alicerces na adinamia proveniente da nossa queda mental no remorso, ou na hiperdinamia imposta por delírios da imaginação, a se responsabilizarem por disfunções inúmeras da alma, nascidas do estado de hipo e hipertensão no movimento circulatório das forças que lhe mantêm o organismo sutil... (79)

O renascimento vai permitir a recapitulação dos ensinamentos e experiências, com a consequente harmonização dos pontos em desequilíbrio. E por mais que encontremos no mundo afetos mal conduzidos, cadeias de ódio entre encarnados e desencarnados, enfim, graves desequilíbrios, é preciso manter a esperança, porque a vida na Terra oferece inúmeras oportunidades de reajuste e transformação. O importante é viver, porque o buril do tempo, lentamente, colocará tudo em seus devidos lugares.

78) Ação e reação, cap. 2.
79) Evolução em dois mundos, p. 30.

Como ninguém avança para frente sem pagar as dívidas que contraiu, a necessidade de rearmonização perante a Lei torna-se imperiosa. Além das doenças que surgem em decorrência direta das ações de vidas anteriores, existem as que resultam de desvios desta existência mesma e aquelas outras que imploramos à Providência Divina para que nos auxiliem a não reincidir no erro.

Por exemplo, há alcoólatras inveterados e dependentes de drogas em geral, bem como os cultores da gula, que pedem para voltar em corpos que sejam, desde a infância, inclinados à estenose do piloro, à úlcera gástrica, ao desequilíbrio do pâncreas, à colite e às múltiplas enfermidades do intestino que lhes impõem torturas sistemáticas, embora suportáveis, no decurso da existência inteira. (80)

Há os que se utilizaram mal do esporte e da dança e pedem formas orgânicas ameaçadas de paralisia e reumatismo, visitadas de achaques e neoplasmas diversos, que lhes obstêm os movimentos demasiado livres. Há também os que precisam se precaver de crimes cometidos pela calúnia e a maledicência e, por isso pedem dificuldades auditivas e visuais; assim como intelectuais e artistas que utilizaram os sagrados recursos do espírito na perversão dos sentimentos humanos, por isso pedem inibições graves de ordem cerebral para que possam desenvolver as qualidades do coração. (81)

E a Bondade Divina é tão grande que confere sempre a todos os filhos a bênção do recomeço. Por isso permanece conosco a certeza de que, um dia, o bem prevalecerá no planeta, como fruto do burilamento de seus habitantes, em encarnações sucessivas. Mais dia, menos dia, "a Medicina há-de considerar

80) e 81) Ação e reação, cap. 19.

o doente como um todo psicossomático, se quiser realmente investir-se da arte de curar". (82)

Com a Medicina Espiritual, aprendemos que "um dia, o homem ensinará ao homem, consoante as instruções do Divino Médico, que a cura de todos os males reside nele próprio". (83)

Por movimentarem forças restauradoras, os passes são, sem dúvida, excelentes elementos terapêuticos para a alma, no entanto, a complexidade da questão saúde-doença leva-nos a pensar que nem sempre a ocorrência da cura é o melhor para o paciente no momento em que procura ajuda.

Por isso, o passista que aprendeu a confiar na Providência Divina e a entregar a Jesus, humildemente, os frutos do seu trabalho, não fica frustrado com a ausência de resultados positivos imediatos. Antes, despreocupa-se com eles e consola-se sabendo que o passe de alguma maneira vai ajudar o receptor, dando-lhe forças para vencer a provação. O passista que tem bom senso e discernimento reconhece a importância do concurso da dor na evolução do espírito.

E concordará com Clarêncio quando afirma:

> A dor é o grande e abençoado remédio. Reeduca-nos a atividade mental, reestruturando as peças de nossa instrumentação e polindo os fulcros anímicos de que se vale a nossa inteligência para desenvolver-se na jornada para a vida eterna. Depois do poder de Deus, é a única força capaz de alterar o rumo de nossos pensamentos, compelindo-nos a indispensáveis modificações, com vistas ao Plano Divino, a nosso respeito, e de cuja execução não poderemos fugir sem graves prejuízos para nós mesmos. (84)

82) Ação e reação, cap. 19.

83) e 84) Entre a terra e o céu, cap. 21.

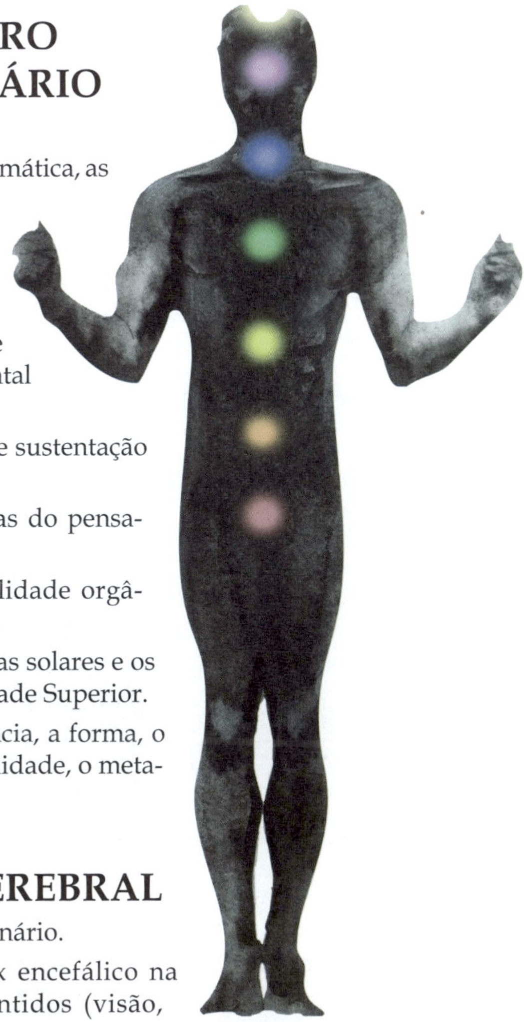

CENTRO CORONÁRIO

Funções:

• Fixa, de forma automática, as consequências

felizes ou infelizes das ações.

• Difunde corrente de energia vitalizante por toda matéria mental à sua volta.

• Produz energias de sustentação do sistema nervoso.

• Alimenta as células do pensamento.

• Promove a estabilidade orgânica.

• Assimila as energias solares e os raios da Espiritualidade Superior.

• Orienta a consciência, a forma, o movimento, a estabilidade, o metabolismo.

CENTRO CEREBRAL

• É contíguo ao coronário.

• Governa o córtex encefálico na sustentação dos sentidos (visão, audição,

tato, etc.).

• Atua sobre as glândulas endócrinas, inclusive as dos poderes psíquicos

• Administra, organiza e coordena o sistema nervoso.

• Atua na vasta rede de processos de inteligência: palavra, cultura, arte, saber.

SISTEMA DIGESTÓRIO

- Está ligado ao chacra gástrico,
- Cuida da digestão e absorção dos alimentos, estes carreiam fluido vital também.
- Regula a penetração desses concentrados fluídicos.
- **À direita da gravura, vê-se o baço, que pertence ao chacra esplênico.**
- Está ligado ao sistema hemático.
- Produz hemácias, leucócitos, trombócitos, macrófagos e outras unidades que fazem parte de famílias numerosas, todas de capital importância na defesa e sustentação do organismo.

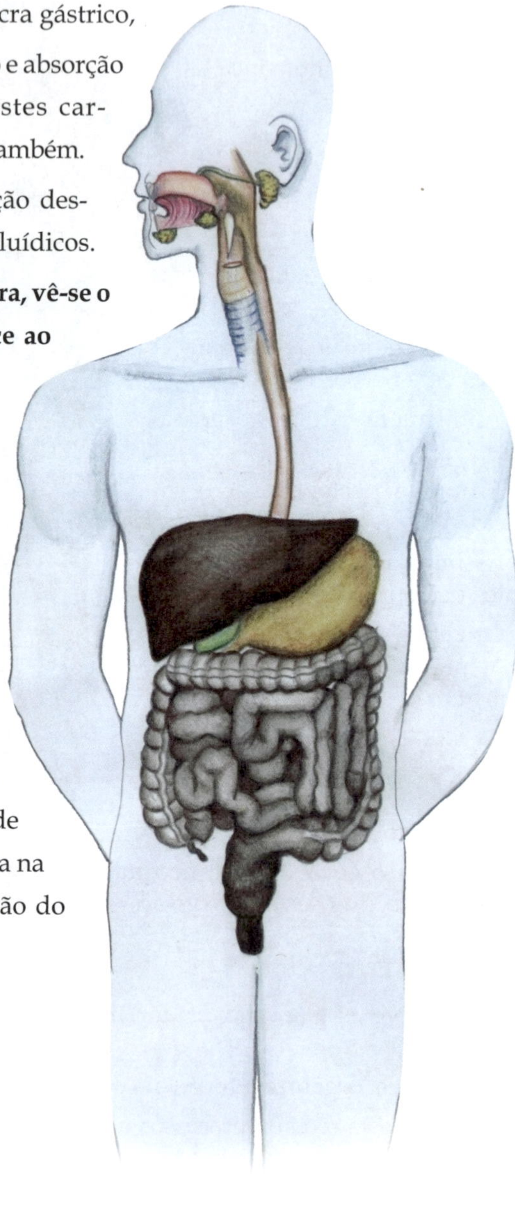

SISTEMA RESPIRATÓRIO

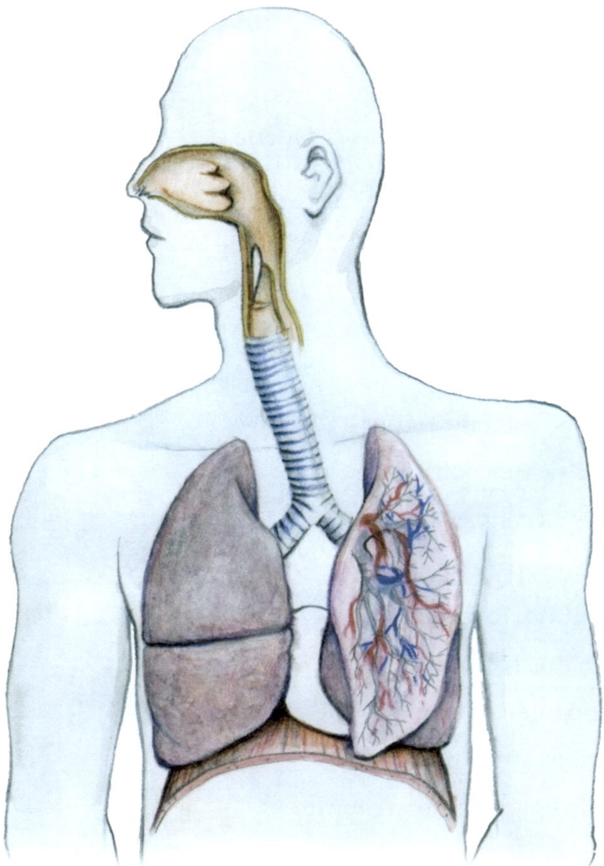

- Está ligado ao centro laríngeo que controla a respiração e a fonação.
- Está conectado também ao sistema sanguíneo, sede do corpo vital ou duplo etérico.
- Há um processo fisiológico perispiritual que transforme fluido universal em fluido vital, tendo como sede a mitocôndria.
- Os genes da mitocôndria provavelmente sejam os responsáveis pela produção de fluido vital da existência inteira.

SISTEMA CIRCULATÓRIO

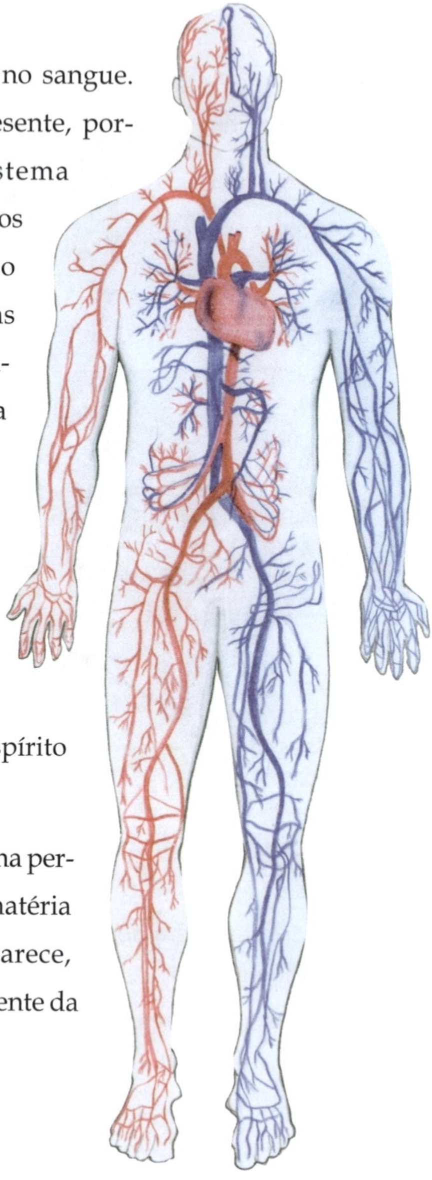

O ectoplasma transita no sangue. O fluido vital está presente, portanto, em todo o sistema hematopoiético, tanto nos grandes vasos quanto nas minúsculas artérias e veias, levando a nutrição física e espiritual a todas as células. Olhar, portanto, para o sistema circulatório é visualizar a estrutura do corpo vital ou duplo etérico - importante elo de ligação entre o espírito e a matéria.

Com a morte física, a alma perde esse envoltório, a matéria que o preenche desaparece, sendo dispersa no ambiente da crosta terrestre.

SISTEMA NERVOSO

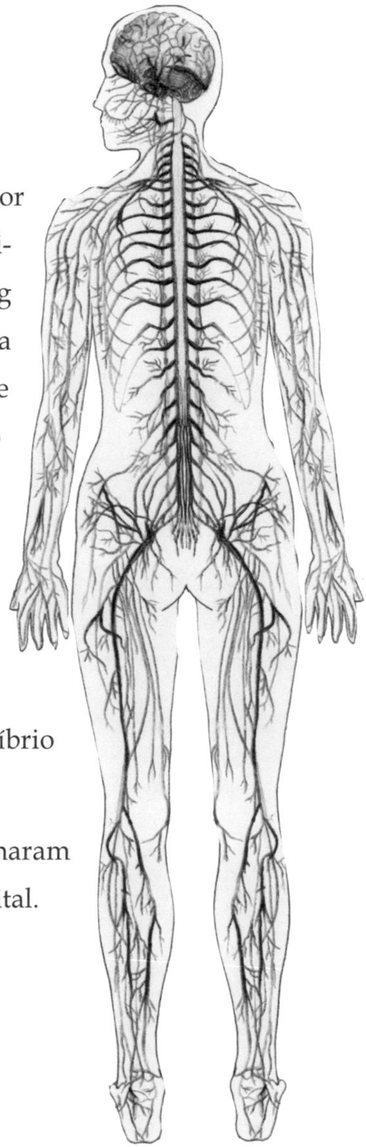

William Crookes pesquisou por mais de três anos as materializações do espírito Katie King e revelou a descoberta de uma nova força no ser humano, que procede do Sistema Nervoso e está ligada de uma forma desconhecida ao organismo humano.

Para André Luiz, essa força constitui emanação neuropsíquica que assegura o equilíbrio entre a alma e o corpo.

Os metapsiquistas a denominaram ectoplasma e Kardec, fluido vital.

TERCEIRA PARTE - COMO SE DOA?

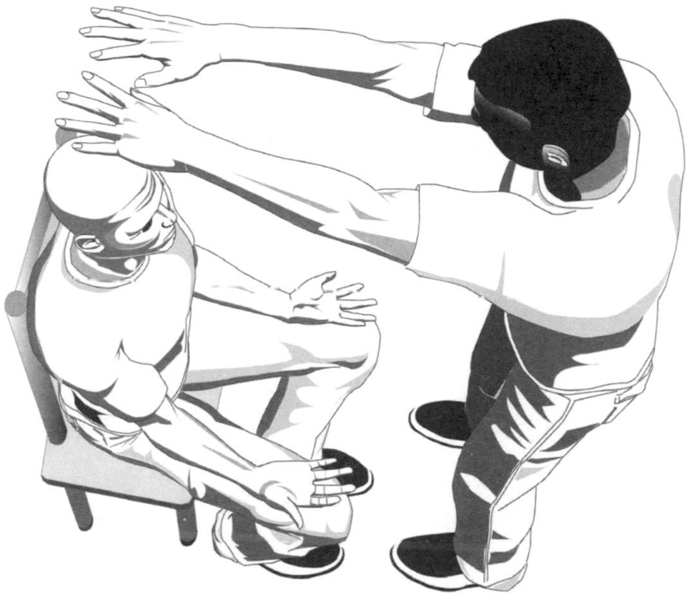

O processo de cura

Diferentes modalidades de cura

A cura quântica

Como circulam as forças radiantes no doador

Relatos de curas espirituais

Como aplicar os passes

Capítulo 11

O PROCESSO DE CURA

Com base nas revelações dos Espíritos e em seus próprios conhecimentos sobre magnetismo, Allan Kardec esboçou importante teoria acerca da etiologia ou causa das doenças e dos processos de cura. O Codificador considera que a maioria das moléstias, assim como todas as misérias humanas, resultam da ação do espírito no mundo, em encarnações sucessivas, podendo se constituir em expiações do presente ou do passado, ou ainda em provações para o futuro; são dívidas contraídas, cujas consequências devem ser sofridas, até que tenham sido resgatadas. Há casos, inclusive, em que o doente deve suportar sua provação até o fim, como forma de aprimoramento.

De todas as revelações feitas pelos Espíritos Instrutores, de 1855 a 1869, ao longo dos cerca de 15 anos em que Kardec esteve à frente do movimento espírita, uma mensagem em especial o ajudou na formulação de suas hipóteses explicativas da cura.Trata-se de uma comunicação obtida por um médium em estado sonambúlico, na qual o Mentor responde a um consulente acerca das razões da enfermidade complexa que o acometeu. O Codificador anotou os dados esclarecedores e publicou a teoria na *Revista Espírita* de março de 1868.

Em busca de melhor compreensão dos fundamentos da cura espiritual, dedicaremos aqui maior espaço à análise dos dados contidos nesta importante matéria da revista, mas, evidentemente, não nos basearemos somente nela, colhendo informes também em outras obras, sobretudo em *A Gênese*.

Depois de observar que a Medicina não admite nada além de causas fisiológicas para a etiologia das doenças, Kardec enfatiza a necessidade de os médicos se convencerem de que é preciso ir além do corpo físico. Reconhece que existem certas doenças que se originam da alteração dos tecidos orgânicos, sendo necessário, para tratá-las, de substâncias medicamentosas tangíveis, como as que a farmacologia descobre e utiliza comumente na práxis da medicina alopática. No entanto, chama a atenção para a necessidade de se sair do círculo estreito da matéria e aplicar novas terapias, que contemplem o ser humano integral, corpo-mente-espírito.

Admite que não é fácil àquele que pratica a medicina do corpo compreender a ação de um fluido impalpável, como o magnético, que se origina na mente e na vontade do agente propulsor e pode curar até mesmo de forma instantânea. Ensina que na cura das moléstias desta natureza, pelo influxo fluídico, há substituição das moléculas orgânicas mórbidas por moléculas sadias. (85)

Para que possamos melhor compreender como isso se dá, Kardec (86) relembra que o fluido cósmico é o elemento primitivo que entra na composição tanto do corpo espiritual quanto do físico, e, por fazer parte da natureza desses envoltórios, esse fluido, condensado no perispírito, pode fornecer princípios

85) Revista espírita, mar. 1868.
86) A gênese, cap. XIV, p. 294.

reparadores ao corpo. Mas ressalta que "o agente propulsor é sempre o Espírito, encarnado ou desencarnado, que infiltra num corpo deteriorado uma parte da substância de seu envoltório fluídico. A cura opera-se mediante a substituição de uma molécula malsã por uma molécula sã".

Toda a cura processa-se, portanto, a partir das células microscópicas e dos elementos moleculares que as constituem, para os órgãos macroscópicos, estendo-se, depois, ao organismo como um todo. De que maneira podemos entender a ação magnética? O fluido agiria nas mesmas bases que os medicamentos? O mestre de Lyon elucida:

> A substância fluídica produz um efeito análogo ao da substância medicamentosa, com a diferença que, sendo maior a sua penetração, em razão da tenuidade de seus princípios constitutivos, age mais diretamente sobre as moléculas primeiras do organismo do que o podem fazer as moléculas mais grosseiras das substâncias materiais. Em segundo lugar, sua eficácia é mais geral, sem ser universal, porque suas qualidades são modificáveis pelo pensamento, ao passo que as da matéria são fixas e invariáveis e não se podem aplicar senão a casos determinados.(86)

Há, porém, além do fluídico e do alopático um outro tipo de medicamento, introduzido pelo trabalho pioneiro de Samuel Hahnemann, o homeopático. Kardec ensina que

> a ação dos remédios homeopáticos em doses infinitesimais é baseada no mesmo princípio; a substância medicamentosa, levada pela divisão ao estado atômico, até certo ponto adquire as propriedades dos fluidos, menos, entretanto, o princípio anímico, que existe nos fluidos animalizados e lhes dá qualidades especiais. (87)

Vemos, assim, que o remédio homeopático, com suas sucessivas dinamizações, tem uma ação muito próxima do fluido magnético, transmitido pelo passista; este, porém, possui o

87) Revista espírita, mar. 1868.

ectoplasma ou fluido vital, algo muito característico e que nenhum outro instrumento terapêutico possui.

O Codificador resume o que descreve e entende com sendo os três ramos da arte de curar:

> trata-se de reparar uma desordem orgânica pela introdução, na economia, de materiais sãos, substituindo materiais deteriorados. Esses materiais sãos podem ser fornecidos pelos medicamentos comuns *in natura*; por esses mesmos medicamentos em estado de divisão homeopática; enfim pelo fluido magnético, que não é senão matéria espiritualizada. (88)

São três, portanto, os modos de reparação, ou seja, de introdução e de assimilação dos elementos reparadores; todos eles encontram-se na natureza e estão destinados a suplementar e a completar um ao outro, conforme a doença ou o desequilíbrio em curso. Deve-se tomar cuidado, lembra o Codificador, para que nenhum deles seja visto como a panacéia universal do gênero humano. A indicação de cada um deve ser correta, ajustada à necessidade de debelar a enfermidade, para que haja maior êxito no processo de cura.

Em geral, a doação do fluido magnético é complementar ao tratamento alopático ou homeopático, não tendo contraindicação. Somente com o seu emprego foi possível entender a cura instantânea. Existem certas afecções que "não têm como causa primeira a alteração das moléculas orgânicas, mas a presença de um mau fluido, que as desagrega, por assim dizer, e perturba a sua atuação na economia orgânica". (89)

Para melhor explicar a questão do mau fluido, uma hipótese da etiologia das doenças inteiramente nova, Kardec lança mão da figura do relógio parado; suas peças podem estar todas em bom estado de funcionamento, no entanto, seu movimento

88) e 89) Revista espírita, mar. 1868.

pode ter sido paralisado ou desregulado pela poeira. Para que volte a funcionar, nenhuma peça precisará ser substituída, apenas será preciso remover o elemento desagregador.

Tal é o caso de grande número de doenças, cuja origem é devida aos fluidos perniciosos, que penetram o organismo. "Para obter a cura, não são moléculas deterioradas que devem ser substituídas, mas um corpo estranho que se deve expulsar; desaparecida a causa do mal, o equilíbrio se restabelece e as funções retomam o seu curso". (90)

Somente uma explicação como esta poderia nos dar idéia do que geralmente acontece nos casos de obsessão, quando os fluidos maléficos, produzidos por espíritos inferiores, penetram o corpo físico dos encarnados, impedindo seu funcionamento normal. Em *A Obsessão e suas Máscaras*, fiz relatos de casos em que os obsidiados ficam doentes, chegando mesmo à porta da morte física, fustigados tão somente por fluidos perniciosos, que lhes são inoculados por espíritos inferiores, fixados no monoideismo da vingança.

Nesses casos, os medicamentos terapêuticos comuns não tem maior eficácia, porque " a matéria pode opor-se à matéria, mas a um fluido mau há que se opor um fluido melhor e mais poderoso". (91) Somente, pois, com a intercessão de fluidos benignos a cura poderá processar-se integralmente e muitas vezes ela ocorre de modo instantâneo. O conhecimento desse processo do adoecer esclarece muitos fatos inexplicáveis, como o da cura de doentes, realizadas por Jesus, ao expulsar os espíritos que os assediavam, como foi o caso do homem mudo que voltou a falar, após a intervenção do Mestre; o mesmo acontecendo ao menino epilético que ora caía no fogo ora na água.

90) Revista espírita, mar.1868, Ensaio teórico das curas instantâneas.
91) Revista espírita, mar. 1868.

No livro *No Mundo Maior*, foi descrito um caso em que Pedro (92), em processo obsessivo de longo curso, após 20 anos ininterruptos de perseguição espiritual, viu o seu quadro clínico bastante agravado, dando entrada em um hospital com o diagnóstico de uma doença neurológica grave, que o levaria a óbito em breves dias. Por incrível que pareça, saiu andando do hospital, sem outra intervenção senão a que foi feita por um Espírito de Luz - Cipriana -, que afastou a entidade vingativa e os seus fluidos deletéreos, possibilitando que o seu cérebro voltasse a funcionar normalmente.

Há muitos outros casos relatados por André Luiz (93) em que se observa essa ação fluídica deletérea sobre alguns obsidiados, com repercussões orgânicas graves. Por exemplo, o caso de uma senhora que "apresentava sérias perturbações, desde o cérebro até os nervos lombares e sacros, demonstrando completa desorganização do centro da sensibilidade, além de lastimáveis relaxamento das fibras motoras". Havia também sérios desequilíbrios nas glândulas em geral e nos mais diversos órgãos. Essa paciente havia sido senhora de escravos na existência anterior, tendo cometido ações impiedosas que prejudicaram a vida de muitos deles, e agora, na presente encarnação, vê-se perseguida espiritualmente por aqueles que não a perdoaram.

Nesse mesmo campo de observação, André Luiz teve a oportunidade de constatar também que, em outros obsidiados, os fenômenos de degradação física não eram menores: dois revelavam estranhas intoxicações no fígado e nos rins, e outro mostrava singular desequilíbrio do coração e dos pulmões.

92) A obsessão e suas máscaras, cap. 12.
93) Missionários da luz, cap. 18.

Nesses casos, os medicamentos alopáticos comumente utilizados falham, porque os agentes etiológicos são fluídicos. Há que se empregar os fluidos vitais transfundidos do corpo sadio do médium para o paciente, recordando sempre que o beneficiário tem de assimilá-los pela emissão de pensamentos de confiança e de boa vontade, baseados na necessária transformação moral.

Esses fluidos são praticamente ineficazes quando se tem de opor a matéria à matéria. A medicina homeopática seria o traço de união entre esses dois extremos e deve ter êxito nas afecções que poderiam ser chamadas de mistas, em que matéria e fluido estão comprometidos. Segundo Kardec, nenhum desses sistemas terapêuticos têm a posse exclusiva da verdade; todos têm a sua utilidade; o essencial é aplicá-los adequadamente.

É preciso ficar atento, portanto, porque duas afecções que apresentam, na aparência, sintomas idênticos, podem ter causas diferentes; uma pode ser determinada pela alteração das moléculas orgânicas e, nesse caso, é necessário reparar, substituir as moléculas deterioradas por outras sãs; operação que só pode ser feita gradualmente; a outra por infiltração, nos órgãos sãos, de um fluido mau, que perturba as suas funções. Nesse caso, não se trata de reparar, mas de expulsar. Esses dois fatos requerem, no fluido curador, qualidades diferentes. (94)

No primeiro caso, aplica-se um fluido mais suave, rico em princípios reparadores; no outro um fluido mais enérgico, próprio à expulsão do que à reparação. É por isso que em alguns casos a cura pode ser rápida, como o efeito de uma descarga elétrica. Uma vez afastado o fator de obliteração, o órgão volta a funcionar normalmente. As curas instantâneas agem assim; constituem-se em uma variedade da ação magnética.

94) Revista espírita , mar. 1868.

Estas duas causas de doença explicam também porque há tanta semelhança entre os sintomas próprios dos transtornos mentais e os causados pelo processo obsessivo. O médico espírita, bem como os profissionais da saúde devem estar atentos para esse tipo de ocorrência, procurando fazer a distinção, por exemplo, entre os transtornos mentais, como as esquizofrenias, o transtorno afetivo bipolar, a síndrome do pânico, e outros, com os sintomas da obsessão, especialmente os do período de eclosão do processo obsessivo.

Como dissemos, nosso Mestre Jesus deu-nos inúmeros exemplos de curas instantâneas, ao afastar o espírito causador dos males e restituir, de imediato, as funções do organismo do paciente. Na verdade, porém, o Divino Médico curou toda espécie de doença, de forma instantânea; é impossível deixar de lembrar a cura do homem da mão mirrada e ressequida, cujos tecidos orgânicos já estavam totalmente deteriorados e inoperantes.

Para nós, que ainda lutamos em busca da elevação espiritual, Kardec resume dizendo:

> "Quando o mal exige a reparação de órgãos alterados, necessariamente a cura é lenta e requer uma ação contínua e fluido de qualidade especial; quando se trata da expulsão de um mau fluido, ela pode ser rápida e, mesmo, instantânea." (95)

É claro que, entre esses dois extremos, existem nuances infinitas. São os inumeráveis casos em que as duas causas atuam simultaneamente em diferentes graus, e com mais ou menos preponderância de uma ou de outra; e por esse motivo é necessário expulsar e reparar ao mesmo tempo. A cura só se completa com a remoção das duas causas.

95) Revista espírita , mar. 1868.

Constatamos, assim, que os passes são a terapêutica complementar por excelência; não são, porém, instituídos de modo a suplantar nem a medicina alopática, nem a homeopática, nem o magnetismo comum. Há uma complementaridade na ação de todos esses processos de cura.

Capítulo 12

DIFERENTES MODALIDADES DE CURA

O médico Alexis Carrel nasceu em 1873, na cidade de Lyon, na França, mas emigrou para os Estados Unidos, em 1903, onde trabalhou na Universidade de Chicago e fez pesquisas no Instituto Rockefeller. Em Nova York, suas investigações sobre técnicas de transfusão de sangue e transplantes de veias e órgãos valeram-lhe o Prêmio Nobel de Medicina, em 1912. Mas foi por sua obra-prima, *O Homem, esse Desconhecido,* escrito em 1935, que ficou mundialmente conhecido.

Sabia-se que era um homem de ciência que acreditava nos milagres das curas espirituais. Deixou isso detalhado em seus últimos escritos, *Viagem a Lourdes,* que seu velho amigo - o célebre aviador que cruzou o Atlântico pela primeira vez - Charles Lindbergh, achou entre seus guardados, e publicou, em 1950, seis anos após sua morte.

Nesse seu livro póstumo (96), Carrel conta a experiência que teve como médico recém-formado, cético, que acompanhou a jovem Marie Bailly, em uma viagem de trem, em 1903, com

96) Milagres.

destino à fonte milagrosa de Lourdes. Ela era portadora de peritonite tuberculosa, tinha lesões nos pulmões, nódulos e bolhas de pus espalhados pelo corpo. Os pais dela haviam morrido da mesma doença e o hospital onde Marie se tratava considerava o seu caso como incurável.

Na verdade, ela vivia seus últimos dias de vida terrena, sem qualquer possibilidade de tratamento e apenas fazendo uso de morfina para aliviar as dores. No dia seguinte à chegada, a Lourdes, a madre superiora do Hospital Nossa Senhora das Sete Graças, onde a doente estava internada, insistiu para que a levassem até à Gruta, mesmo semi- inconsciente. O dr. Carrel, embora desaprovasse, devido ao estado delicado da paciente, cedeu diante da argumentação de que a pobre coitada não tinha mesmo nada a perder.

Tendo em vista que Marie estava muito doente para ser mergulhada numa das piscinas, os funcionários de Lourdes apenas respingaram algumas gotas de água sobre o seu abdome inchado. O dr. Carrel e outro colega observaram, de perto, tudo o que se passou com a enferma, após a terapia com a água, quando a colocaram em uma dependência próxima. Alguns momentos depois, o abdome da paciente começou a voltar à forma normal; os batimentos cardíacos estabilizaram-se e Marie começou a falar. Algum tempo depois, começou a andar e, em poucos dias, seu corpo estava total e inexplicavelmente curado. A doença e os sintomas tinham desaparecido.

Por toda a sua vida, o dr. Carrel daria o testemunho da verdade das curas espirituais.

Mas o que conteria aquela água? De que forma ela restaurara um corpo exaurido, em fase terminal, de forma praticamente instantânea? Mais adiante discutiremos esse assunto.

No Reino Unido, milhares de pessoas dedicadas à cura, que pertencem à Federação Nacional dos Curadores Espirituais, são aceitos em cerca de 1.500 hospitais, podendo entrar, livremente, para cuidar dos pacientes que desejarem ajuda espiritual. Essa foi uma conquista do médium, Harry Edwards, um tributo aos seus esforços, como pioneiro no campo da cura, por seu trabalho dedicado aos enfermos, por mais de um quarto de século. O próprio Edwards descreveu para o pesquisador norte-americano George Meek como foi que se deu uma das curas por seu intermédio.

Em julho de 1974, os pais de Jayne Smith, moradores de Curborough Rd, n. 2, Lichfield, Staffordshire, procuraram-me em busca da cura espiritual para a filha. Ela sofria de câncer na parte superior da perna esquerda, e a outra perna e as nádegas apresentavam a solidez da madeira. O clínico e o cirurgião de um hospital em Staffordshire haviam programado amputar-lhe a perna, mas quando o exame revelou que o mal invadira o quadril e a região pélvica, nada mais podendo ser feito, manifestaram-se no sentido de que o único auxílio residia na cura espiritual.

O Sr. e a Sra. Smith consultaram o vigário de sua igreja, o qual levou Jayne pessoalmente ao nosso Santuário. Lembrar-me-ei sempre daquela perna dilatada e endurecida. Num mês começou a amolecer. O restabelecimento prosseguiu, dificilmente, a intervalos mensais, sendo mantido por meio de uma fervorosa cura a distância. Em seis meses, os sintomas foram superados, as articulações podiam ser flexionadas; ela já caminhava acompanhando o desenvolvimento de suas companheiras de escola, achando-se apta a tirar carta de motorista.

A recuperação de Jayne datou do começo da cura espiritual, da qual o vigário participou. Segundo a medicina, Jayne estava fadada a morrer. Contudo, não morreu. As células cancerosas foram sendo substituídas por tecido sadio, os tendões foram se alongando, a paralisia cedendo, e a coordenação dos movimentos voltando. (97)

Vimos descritas, acima, duas maneiras diferentes de curar: Marie foi curada, instantaneamente, no ambiente da Gruta

97) **As curas paranormais, como se processam, parte 1, cap. 2.**

de Lourdes, com a água aspergida sobre seu ventre; Jayne livrou-se, em seis meses, das células cancerosas. Essas foram substituídas por tecido sadio por meio de energias curativas, carreadas por Harry Edwards, o médium curador.

Existem milhares de outros casos de cura, documentados ou não por pesquisadores, nas mais diversas regiões do planeta, no seio de povos adiantados ou primitivos, que ocorreram de modos distintos. Mas, sem dúvida, foi com Jesus que a humanidade conheceu o modelo perfeito de cura espiritual. Ele não apenas curava o físico, mas estimulava os beneficiários a manterem-se sadios, com conduta moral elevada, baseada na aquisição das virtudes.

CURAS INSTANTÂNEAS

A cura instantânea é caso raro, excepcional, na existência comum, no entanto, foi ocorrência normal na ação terapêutica do Cristo. De que depende o poder curativo do passista?

Segundo Kardec, basicamente de duas coisas: 1. da pureza da substância inoculada; 2. da energia da vontade. Quanto maior for a vontade, tanto mais abundante emissão fluídica provocará e tanto maior força de penetração dará ao fluido. Há pessoas dotadas de tal poder, que operam curas instantâneas, em alguns doentes, por meio apenas da imposição das mãos, ou, até, exclusivamente por ato da vontade. Mas são raros. (98)

Recordemos o que vimos no início deste livro. A ação magnética pode dar-se somente pelo magnetismo do passista e ficará adstrita à força e à qualidade do fluido que ele coloque em circulação. A cura vai depender, em princípio, da adequação das qualidades do fluido à natureza e à causa do mal.

98) A gênese, cap. XIV, itens 31 a 34.

Pode dar-se pelo fluido dos Espíritos, que atuam diretamente, sem intermediário, sobre o encarnado, é o chamado magnetismo espiritual, cuja qualidade está na razão direta das qualidades do Espírito emissor. Pode verificar-se pelo magnetismo misto, semi-espiritual ou humano-espiritual, pelos fluidos que os Espíritos derramam sobre o magnetizador e que se mesclam ao que lhe é próprio.

De acordo com o exposto, tudo indica que a cura de Marie Bailly, relatada por Aléxis Carrel, foi possível graças aos fluidos dos Espíritos Superiores, que estavam presentes na água e no ambiente da Gruta, impregnando-os de energias de grande pureza. É possível também que os encarnados, mesmo sem o perceberem, tenham contribuído com sua parcela de fluidos benéficos. Pode-se dizer que a cura de Jayne Smith deveu-se ao fluido misto, com alta porcentagem do fluido do magnetizador, quer dizer de Harry Edwards, o médium.

No caso das curas realizadas por nosso Mestre Jesus, elas verificaram-se por meio da água, da saliva e do lodo, por imposição de mãos, comando oral, etc., mas sempre foram instantâneas, devido à pureza do fluido empregado e ao poder da vontade emissora. Não há, pois, milagres, no sentido comum do termo. A respeito desses fenômenos que serão habituais no futuro, diz Kardec:

> Uma vez que as curas desse gênero assentam-se sobre um princípio natural, e que o poder de operá-las não constitui um privilégio, o que se segue é que elas não se operam fora da Natureza e que só são miraculosas na aparência". (99)

Assistia, pois, razão a Hipócrates, o pai da medicina científica, quando ensinava que cada indivíduo traz dentro de si uma farmácia, uma propensão inata para curar-se.

99) A gênese, cap. XIV.

Capítulo 13

A CURA QUÂNTICA

Não poderíamos deixar de abordar, ainda que de forma sucinta, os ensinamentos sobre curas, defendidos por cientistas do nosso tempo, que admitem a presença de uma estrutura imaterial no ser humano. Embora nem sempre as hipóteses explicativas das curas sejam rigorosamente iguais às que o Espiritismo propõe, podemos dizer que são muito próximas. Seria de todo desejável que os adeptos dos vários modelos de cura, propostos por filosofias espiritualistas semelhantes, pudessem se reunir e trocar idéias e experiências com vistas à elaboração de um modelo explicativo comum.

Amit Goswami, renomado professor titular de Física Quântica da Universidade do Oregon, nos EUA, deixou de ser ateu a partir de estudos e investigações em sua área de atuação. Com o mesmo raciocínio quântico, constatou que a consciência está fora da matéria e esta obedece ao seu comando. Para ele, "Consciência não é mente; consciência é o fundamento do ser, fundamento tanto da matéria como da mente. Matéria e mente são ambas possibilidades de consciência". (100) Seria, assim, uma estrutura imaterial que comanda vários corpos.

100) O médico quântico, cap. 1.

Em linhas gerais, podemos dizer que aquilo que consideramos como sendo espírito, para Goswami é consciência, tendo-se de levar em consideração, naturalmente, os ajustes conceituais de cada modelo. Na visão do professor de física quântica do Oregon, a medicina é um campo propício à aplicação do novo paradigma da ciência baseado no primado da consciência. Justifica, assim, a sua incursão como físico quântico na área médica, porque esse novo paradigma propõe a Medicina Integral. Com base nele, seria possível integrar a ciência médica convencional à espiritualidade.

Em seu livro, Goswami parte do princípio de que a consciência está no âmago de toda doença e de toda cura. Faz uma análise comparativa entre a medicina alopática convencional e as chamadas medicinas alternativas. Nos Estados Unidos, são consideradas, como alternativas, a homeopatia, a medicina chinesa e a acupuntura, e o ayurveda ou medicina indiana; no Brasil, a homeopatia e a acupuntura são consideradas especialidades.

Embora reconheça o valor da medicina ortodoxa, sobretudo nos casos de doenças que sejam predominantemente do corpo físico e que tenham caráter de urgência, Goswami afirma que "os seus procedimentos são demasiado invasivos e profusos em efeitos colaterais perniciosos". (101) E são mesmo.

Analisa suas falhas, principalmente no tratamento de doenças crônicas e degenerativas em geral, além de ressaltar que é muito dispendiosa. Mostra que é possível a integração desses vários modelos em um único, que servirá de base para a mudança do paradigma da saúde.

Para integrar esses diferentes modelos, propõe a nova física – a física quântica – que vem expondo as lacunas conceituais do

101) O médico quântico, cap 1.

realismo materialista, que é a metafísica adotada pela medicina convencional. Considera contraproducente a atitude dos médicos ortodoxos em desdenhar as práticas alternativas e as curas espontâneas, porque a medicina alopática é falha e não explica muitas doenças, nem acontecimentos biológicos naturais, como a embriogênese. Não acha razoável também que os praticantes da medicina alternativa desdenhem os procedimentos da medicina convencional, porque esta é igualmente necessária. Antes, crê que seria razoável haver uma aproximação maior entre os diversos modelos praticados.

A Medicina Integral de Amit Goswami

> "baseia-se num paradigma segundo o qual a maioria das doenças decorre simultaneamente em mais de um dos cinco corpos da consciência – físico, vital, mental, supramental e espiritual. Entretanto, a doença pode ter origem em um dos níveis e espalhar-se para outros." (102)

Os cinco corpos da consciência referidos por ele fazem parte de ensinos indianos muito antigos, que estão na literatura Vedanta. Embora a concepção espírita apresente pequenas variações desta, vê-se, claramente, que há mais coincidências do que discrepâncias.

Para o professor Goswami, a redescoberta do corpo vital foi muito importante e aconteceu na mesma época em que se redescobriu o corpo mental. "Um passo decisivo foi dado com a obra do biólogo Rupert Sheldrake (1981)", diz ele, referindo-se à redescoberta do vitalismo, em outros termos. Ele explica a questão à qual já havíamos nos referido em capítulo anterior.

Os biólogos tinham erradicado a filosofia do vitalismo – que propõe um corpo vital não-físico como origem da força vital – na década de 1950, quando da descoberta da biologia

102) O médico quântico, cap. 4.

molecular, mas, passado o entusiasmo inicial, constataram que, mesmo com os avanços, não conseguiam explicar a embriogênese. Continuava a ser uma incógnita o fenômeno de uma única célula dar origem a um embrião e depois a um corpo com órgãos complexos e diferenciados.

> Sheldrake propôs uma explicação do até então inexplicado fenômeno da morfogênese em termos de campos morfogenéticos não-físicos e não-locais residindo fora do espaço e do tempo. Isso esclarece o papel do corpo vital que agora pode ser visto como domicílio dos campo morfogenéticos, distinto do físico. O corpo vital fornece as matrizes para as formas e programas da morfogênese." (103)

Vemos, assim, que a constituição do ser humano proposta pelo Espiritismo é perfeitamente explicada à luz da física quântica e dos avanços da biologia contemporânea. Na verdade, também para Goswami, a doença física pode ter origem em todos os níveis, em todos os cinco corpos, embora, para a medicina convencional, a doença continue a ser vista como proveniente apenas do organismo físico.

É natural, portanto, que o objetivo da Medicina Integral seja tratar a doença além do corpo; procurando não se concentrar em apenas um dos níveis, como o faz a alopatia, que se atém ao físico, mas cuidar dos cinco corpos de consciência como campo de cura. Apesar das extraordinárias revoluções conceituais por que passou a física há cerca de cem anos, com o advento da física quântica, infelizmente, a maioria dos praticantes da medicina continua a pensar de acordo tão somente com a física clássica.

Esta continua perfeitamente válida para os fenômenos macroscópicos, mas não é aplicável ao infinitamente peque-

103) O médico quântico, cap. 3.

no, ao mundo microscópico. Não há, pois, como entender os eventos moleculares das células, nos diferentes níveis, nem a dinâmica do pensamento, sem admitirmos a física quântica aplicada à Medicina.

Felizmente, já existem colegas que fizeram o salto quântico, entre os quais destacamos, Deepak Chopra, Andre Weil, Larry Dossey, Herbert Benson, Harold Koënig, Randolph Byrd, Peter Fenwick, que têm contribuído com suas obras e pesquisas importantes para a implantação da medicina espiritual. Embora complexa, a compreensão do processo de cura vai se tornando um pouco mais fácil a partir das últimas conquistas científicas.

Desde os anos 1970, por exemplo, com os trabalhos da dra. Candace Pert (104) e outros pesquisadores, ficou claro que o cérebro secreta moléculas denominadas neuropeptídeos, que atuam como intermediárias na supressão da dor, na produção de hormônios e de outras substâncias importantes da economia orgânica.

Com essa importante descoberta, foi possível compreender a inter-relação objetiva entre o sistema nervoso e dois outros sistemas muito importantes, o imunológico e o endócrino. Desde então, ficou mais fácil compreender como a mente influencia o organismo físico de forma positiva ou negativa.

Deepak Chopra apresenta casos de cura espontânea de câncer. E argumenta:

> Muitas curas com origens em comum - cura pela fé, remissões espontâneas e o uso eficaz do placebo, ou remédios fictícios - também apontam para um salto quântico. Por quê? Porque, em todos esses casos, a faculdade de percepção interior parece ter promovido um salto drástico - um salto quântico - no mecanismo de cura. (105)

Goswami comenta esta brilhante sugestão:

104) O clamor da vida, cap. 2, p. 54.

"Nesse livro seminal, *A Cura Quântica,* Chopra sugeriu que a interação mente-corpo na autocura ocorre mediante 'um corpo mecânico quântico' e é mediada pela 'beatitude' - pela consciência". E conclui pelo acerto da proposta, porque é por sua natureza quântica que a consciência intermedeia a interação mente-corpo. (106)

O enigma da cura seria resolvido da seguinte forma: a consciência recolhe e escolhe simultaneamente o pensamento de mudança que promoveria a autocura, determinando a manifestação cerebral que produz, por exemplo, um determinado neuropepitídeo; este, por sua vez, seria responsável por uma resposta do sistema imunológico e/ou do sistema endócrino, que tornaria a cura uma realidade. Quem faz a escolha, portanto, do pensamento de cura, é a consciência.

O estudo analisado pelo cardiologista Randolph Byrd (1988) é um bom exemplo da chamada cura a distância. Essa é uma modalidade de cura, que é bastante intrigante, e só poderá ser entendida se aplicarmos um dos princípios da física quântica, o da não-localidade.

O estudo de Byrd, envolvendo 393 pacientes da Unidade de Atendimento Cardíaco do Hospital Geral de São Francisco, observou o efeito da oração a distância feita por vários grupos de oração domiciliar. Os 393 sujeitos foram subdivididos num grupo de 192 pacientes que receberam orações feitas por quatro a sete pessoas diferentes e um grupo de controle de 201 pacientes que não receberam o benefício da oração. Byrd concluiu que o efeito da oração, mesmo quando não-local, foi notavelmente positivo. Por exemplo, os pacientes que receberam oração precisaram ingerir cinco vezes menos antibióticos e demonstraram propensão três vezes menor de acumular líquido nos pulmões (edema pulmonar), ambos os resultados estatisticamente significativos. (107)

Qual seria o mecanismo da cura por meio da oração? Para

105) Citado por Amit Goswami, no cap. Cura quântica, em O médico quântico.
106) O médico quântico, cap. citado

o dr Goswami, "quando alguém reza por você a distância com intenção pura, a consciência sendo não-local e unitiva, produz simultaneamente colapso da intenção de cura na sua mente e na telepatia mental". (108) Assim, embora, na maioria das vezes, você não tome consciência de que alguém está lhe enviando bons pensamentos, você é influenciado no seu complexo mente-cérebro e escolhe a cura. Larry Dossey (109) lembra que pode haver o sentido inverso: alguém pensar em você e produzir efeitos negativos na sua saúde.

George W Meek (110) descreve as curas espirituais que acompanhou em vários países - Brasil, Estados Unidos, Reino Unido, Rússia, Filipinas - além de apresentar em seus textos e no de seus colaboradores excelente material de reflexão. Nessa obra, há um chamamento especial para o fato de que o homem é muito mais do que um corpo físico e que a cura não é prerrogativa das religiões instituídas. Por isso mesmo, as pessoas dotadas de faculdades reais deveriam ser melhor aproveitadas. Sugere que os médiuns de cura sejam admitidos, assim como os sacerdotes e pastores, também nos serviços médicos, integrados às equipes de cura.

Sem dúvida, os esforços deveriam convergir para uma convivência pacífica, porque auxiliaria em muito a vida do ser humano no planeta.

107), 108) e 109) O médico quântico, cap. 16 e 14.
110) As curas paranormais.

Capítulo 14

COMO CIRCULAM AS FORÇAS RADIANTES NO DOADOR?*

Para traçarmos o caminho das forças radiantes no organismo do doador, é preciso relembrar, preliminarmente, onde tudo tem início e seguir os pontos já conhecidos de integração cérebro-mente-corpo-espírito, segundo as revelações espirituais da obra de Chico Xavier-Emmanuel.

O médico Hilário Silva perguntou ao Instrutor Aulus: Por que motivo a energia transmitida pelos benfeitores espirituais circula primeiramente na cabeça dos médiuns passistas?

O mentor (111) respondeu que

> "não podemos subestimar a importância da mente. O pensamento influi de maneira decisiva, na doação de princípios curadores. Sem a idéia iluminada pela fé e pela boa vontade, o médium não conseguiria ligação com os Espíritos amigos que atuam sobre essas bases".

A adesão da vontade do médium é fundamental para a aplicação do passe. Quando recebe o influxo do mentor e adere

Para maior compreensão do mecanismo de doação, consulte as ilustrações deste livro.

111) Nos domínios da mediunidade, cap. 17.

ao serviço de doação, encaminha o pensamento na direção do alvo, expedindo as energias radiantes, que é capaz de produzir.

Recordemos Kardec:

> os Espíritos atuam sobre os fluidos espirituais, não manipulando-os como os homens manipulam os gases, mas empregando o pensamento e a vontade. Para os Espíritos o pensamento e a vontade são o que é a mão para o homem... (112)

Preliminarmente, portanto, é preciso haver o consentimento por parte do passista quanto ao trabalho a ser realizado. (113) Como os pensamentos são produzidos pelo corpo mental, sob o influxo direto da alma, em reflexões profundas do inconsciente, é natural que a mente do passista seja convocada em primeira instância ao serviço de doação. Irradiados do corpo mental, os pensamentos são recolhidos no centro mais importante do perispírito - o coronário - ; como este supervisiona os demais centros vitais, que estão entrelaçados no perispírito e também no corpo físico, por redes plexiformes, que interligam o sistema físico-etérico, é fácil compreender que os pensamentos correrão por essas vias, manifestando-se integralmente no organismo físico.

Portanto, por mais que se gesticule com as mãos para o alto, em busca da força espiritual, esta não começa a circular por elas, antes, atinge preliminarmente a cabeça do médium e só depois é que escorre pelas mãos, sendo, então, distribuída ao beneficiário.

O centro coronário (114), portanto, tem papel fundamental na circulação das forças radiantes no organismo humano, porque é o ponto de interação entre as forças determinantes

112) A gênese, cap. XIV.

113) Evolução em dois mundos, parte 2, cap. 15.

114) Para compreender melhor a integração corpo-espírito recomendamos a leitura dos livros Evolução em dois mundos, caps. 2, 5, 8 e 13; e Mecanismos da mediunidade, caps. 4, 8, 9, 10, 11, 17 e 22 .

do espírito e as forças perispirituais organizadas; sendo ele quem assimila os estímulos do plano superior, transmitindo-os aos demais centros de força. Sua vinculação ao corpo físico dá-se através do diencéfalo, sobre este, mais particularmente sobre a glândula pineal (epitálamo) e o tálamo, ele derrama toda a produção de pensamentos, competindo a esta última estrutura - o tálamo - a função de distribuí-los a todas as regiões do sistema nervoso.

Ao mesmo tempo, entram em funcionamento outras estruturas nobres de muita especialização, entre as quais a glândula pineal ou epífise, que estão incumbidas de levá-los, através de mecanismos complexos e sofisticados, a trilhões de células do corpo físico, deixando impressas nelas suas características essenciais.

Com as grandes revelações científicas de 1958, tomamos conhecimento de que a alma atua no citoplasma da célula. Neste, várias organelas, entre as quais a mitocôndria, o aparelho de Golgi, o centríolo, que são chamadas de bióforos, recebem a influência direta do comando mental. São, portanto, os fatores internos citoplásmicos que governam as funções complexas do genoma, com mecanismos automáticos e sofisticados. É a alma - *o software* - no comando dos trilhões de células do organismo, com capacidade de mudar o genoma - *o hardware* - em qualquer tempo.

Sabemos, hoje, com o final da primeira parte do Projeto Genoma, que a revelação está certa. O citoplasma envia ordens de comando ao núcleo celular, pedindo aos genes que sejam expedidas ordens para a fabricação de determinadas proteínas de seu interesse; obedecendo ao comando, eles - os genes - enviam os moldes de RNA, que se constituem em mensageiros da resposta e que vão determinar a fabricação solicitada nos ribossomos do próprio citoplasma. Há muita coerência, portanto, entre a revelação feita em 1958 por André Luiz em *Evolução em Dois Mundos* e a constatação da ciência divulgada em fevereiro de 2001, sobre a ascendência do citoplasma no comando da célula.

Assim, nossos sentimentos, ideias e atos passam a fazer parte dos centros de força, órgãos e células, plasmando os efeitos agradáveis e desagradáveis de nossa produção mental em todos os veículos de apresentação. Do corpo mental às células microscópicas, tudo é exteriorização da vontade do espírito, que tem características únicas.

Com relação à circulação das forças radiantes, há, ainda, um ponto fundamental a ser considerado: a localização do corpo vital ou duplo etérico no corpo físico. Em qualquer estudo sobre a circulação do ectoplasma nos diversos envoltórios espirituais do médium ou do receptor, é preciso não esquecer que o perispírito está fortemente radicado no sangue. (115) É justamente aí, na corrente sanguínea, que circula o corpo vital, duplo etérico, ou ectoplasma, a parte mais periférica do perispírito, exteriorizando-se, em parte, na aura ou fotosfera psíquica do ser, conforme já vimos.

É importante ressaltar também que é uma matéria com propriedades muito especiais, porque ora pode tornar-se visível ora permanecer gasoso, de forma dispersa, sem que se possa vê-lo pelos sentidos comuns. Tanto o nosso sangue quanto o dos animais está repleto desse fluido vital.

O ectoplasma é utilizado nos diversos fenômenos de efeitos físicos. Antigamente, eram muito mais comuns os socorros

115) Mecanismos da mediunidade, cap. 22.

espirituais prestados aos enfermos por desencarnados que se materializavam, parcial ou integralmente, a fim de curar o corpo físico, com a aplicação direta das energias radiantes.

Nos dias de hoje, ele é utilizado nas cirurgias e curas espirituais; tanto o médium pode fornecê-lo, em estado de dissociação das forças anímicas, quer dizer, em desdobramento, quanto nos passes ou nas transmissões fluídicas, nos serviços comuns de auxílio espiritual aos doentes, realizados nos centros espíritas, ou nas instituições que utilizam o fluido magnético como terapia. Resumindo, podemos dizer que os passistas afiguram-se como duas pilhas humanas, deitando raios de espécie múltipla, a lhes fluírem das mãos, depois de lhes percorrerem a cabeça, ao contacto com os mentores espirituais.

A IMPORTÂNCIA DO SANGUE NA MEDIUNIDADE CURATIVA

É para o sangue, portanto, que devemos voltar a atenção no estudo de qualquer processo fluidoterápico. André Luiz destaca bastante esse ponto (116): "No sangue, circula praticamente todo o nosso patrimônio de energias vitais; concentrando-se, aí, nossas forças radiantes ou ectoplásmicas, empregadas nos passes".

De uma maneira poética, o Instrutor Alexandre (117) lembra que o sangue

> (...) em seu fluxo e refluxo incessantes, na organização fisiológica, nos fornece o símbolo do eterno movimento das forças sublimes da Criação Infinita. Quando a sua circulação deixa de ser livre, surge o desequilíbrio ou enfermidade, de maneira absoluta, então sobrevém a extinção do tônus vital, no campo físico, ao qual se segue a morte com a retirada imediata da alma.

116) Mecanismos da mediunidade, cap. XXII.
117) Missionários da luz, cap. 13, p. 221.

Assim, o sistema hemático representa, no corpo físico, o conjunto das energias circulantes no corpo espiritual ou perispírito, energias essas tomadas em princípio pela mente, através da respiração, ao reservatório incomensurável do fluido cósmico. Ligados especialmente ao centro de força esplênico, os órgãos físicos do sistema hematopoiético, produzem as

> coletividades corpusculares das hemácias, dos leucócitos, trombócitos, macrófagos e outras unidades a se dividirem , inteligentemente, em famílias numerosas, movimentando-se em trabalho constante, desde os fulcros geratrizes do baço e da medula óssea, do fígado e dos gânglios, até o estroma dos órgãos. (118)

O fluido magnético

> atua particularmente nas células sanguíneas e histiocitárias determinando-lhes o nível satisfatório, a migração ou a extrema mobilidade, a fabricação de anticorpos ou ainda, a improvisação de outros recursos combativos e imunológicos, na defesa contra as invasões bacterianas e na redução ou extinção dos processos patogênicos, por intermédio de ordens automáticas da consciência profunda.

Como vemos, o fluido vital estimula a fabricação de maior número de anticorpos, ao mesmo tempo em que favorece o combate aos processos patogênicos, diminuindo-os ou destruindo-os completamente, sendo, portanto, os passes magnéticos, tanto quanto a água fluidificada, bastante indicados para aumentar a eficácia do sistema imunológico. E todos sabemos quanto isso é importante na preservação da higidez mentofísica, que inclui a luta contra o câncer e os processos infecciosos em geral.

Como não é difícil deduzir, o sistema de defesa do organismo sofre igualmente graves desequilíbrios com os desregramentos de natureza física ou moral da criatura humana; do

118) Evolução em dois mundos, parte 2, cap. XV, p. 201,

mesmo modo fica fácil compreender o inverso, o equilíbrio de suas funções nas mentes sadias e cumpridoras de seus deveres espirituais. Esse equilíbrio pode ser detectado em pesquisas médicas recentes, com as quais se constatou que pessoas praticantes de uma religião têm maior defesa imunológica e vivem mais.

Seja, porém, qual for a condição dos que estão em busca do passe, ao doador compete auxiliar sem impor condições dessa ou daquela maneira, procurando transfundir energia em quem esteja precisando. Com o passe magnético, notadamente aquele que se baseie no divino manancial da prece,

> a vontade fortalecida no bem pode soerguer a vontade enfraquecida de outrem para que essa vontade novamente ajustada à confiança magnetize naturalmente os milhões de agentes microscópicos a seu serviço, a fim de que o organismo como um todo, nessa ou naquela contingência, se recomponha para o equilíbrio indispensável. (*Evolução em Dois Mundos*, cap XV, 2ª parte)

Nas Casas Espíritas, popularizou-se o seu uso, mas o passe já deveria ser permitido e aplicado comumente nos hospitais e instituições de saúde, devido ao seu importante valor terapêutico. Os médiuns devidamente orientados por instituições moralmente credenciadas deveriam ter permissão para prestar essa ajuda humanitária, nos leitos de dor, a quem solicitasse, pois, além do seu potencial criativo, é fornecido sem custo algum.

Por isso, é de todo recomendável que os passistas se empenhem no estudo da constituição do ser humano, principalmente no que diz respeito aos dados gerais do organismo físico e ao seu entrosamento com o corpo espiritual, para ter mais confiança no trabalho a ser realizado pelo mundo espiritual por seu intermédio.

Mas há também outra revelação sumamente importante para se compreender a circulação da força radiante: a forma como se entrosam mentor e médium para fazê-la circular.(120)

É importante ressaltar que sejam quais forem os gestos ou trejeitos adotados pelo passista - muitos, como dissemos, costumam levantar as mãos para o alto, pensando em favorecer o contato com as forças superiores - na verdade, nada disso importa, porque a primeira e mais importante ligação com o mentor dar-se-á sempre através da cabeça ou da mente e não das mãos.

A partir da ligação mental com o mentor, o médium passa a irradiar, pelas mãos, chispas luminosas, comunicando-as aos pacientes que as recebem, da mesma forma, por meio do halo vital ou aura, primeiramente na cabeça, depois onde mais tenha necessidade.

No trabalho do passe, portanto, estabelece-se uma ligação sutil entre o necessitado e o socorrista e, é claro, com a Esfera Superior, que vem em auxílio a ambos, tendo em vista a atividade construtiva, baseada na prece, na fé, no total desinteresse material.

O passe será tanto mais eficiente quanto mais intensa for a adesão daquele que lhe recolhe os benefícios. Afinal de contas (121), em última instância, é o próprio enfermo que se cura, por isso tem de concentrar suas forças no trabalho restaurativo dos trilhões de células que compõem o seu organismo perispirítico. Para isso, tem de aproveitar a ajuda que recebe para comandar a própria restauração. A cura é, na verdade, uma auto-cura.

Como é que o passista deve transmitir o passe? Antes de

120) Nos domínios da mediunidade, cap. 17, p. 194.
121) Mecanismos da mediunidade, p. 147.

abordarmos este assunto, que é bastante polêmico, vamos estudar casos de interferência espiritual, recolhidos na literatura mediúnica, para verificar se os gestos dos encarnados têm alguma influência na transmissão do fluido magnético.

Capítulo 15

RELATOS DE TRATAMENTOS ESPIRITUAIS

Vamos enfocar alguns casos de assistência à saúde dos encarnados, desenvolvida por equipes de mundo espiritual, e recolhidos em livros psicografados da Coleção André Luiz, *Missionários da Luz* (caps. 7 e 19), *Nos Domínios da Mediunidade* (cap.17) e *Ação e Reação*. Nossa intenção é buscar orientação e respostas sobre polêmico e crucial assunto no estudo da doação do fluido magnético tal seja o modo de transmissão dos passes.

A visão de cima da montanha é muito mais abrangente, principalmente em relação a nós, que estamos no rés do chão e nos movimentamos ao pé do monte, como se fôssemos deficientes visuais, tateando no escuro do desconhecimento, sem a clareza da amplitude, nem a perspectiva da ação desempenhada.

Existem equipes espirituais que se deslocam, obedecendo a critérios regionais, sobretudo de madrugada, para prestar socorro aos encarnados, tanto quanto outras que se movimentam ao pé dos encarnados para corroborar com seus fluidos nos templos que se disponham a prestar socorro magnético a quem precisa. Este capítulo é também uma homenagem a todos os templos que no anonimato se dedicam à saúde humana.

CASO GRAVE DE ACIDENTE VASCULAR CEREBRAL (122)

Eram os primeiros minutos da madrugada, quando o mentor Alexandre foi procurado na Colônia espiritual Nosso Lar, por Justina, uma senhora aflita que vinha em busca de socorro para o filho. Antônio estava às portas da morte física e ela reinvidicava mais algum tempo de vida terrena para ele, a fim de que pudesse resolver pendências que lhe tiravam a paz familiar. Cerca de dois meses bastariam para a resolução de todos os problemas, segundo acreditava.

Sem demora, Alexandre, acompanhado de André Luiz e da suplicante, seguiu para a residência de Antônio, deparando-se com um quadro muito grave, uma trombose perigosa, por localizar-se em uma das artérias que irrigam o córtex motor do cérebro. Mais alguns instantes, e a vítima estaria desencarnada. Sem perda de tempo, Alexandre tocou-lhe o cérebro perispiritual e falou com energia serena:

"- Antônio, mantenha-se vigilante! Nosso auxílio pede a sua cooperação!".

Em seguida, explicou ao moribundo que ele havia se acidentado pelos próprios pensamentos em conflito injustificável, que lhe haviam desorganizado o cérebro. Para realizar o serviço intercessório, ele precisava da ajuda mental dele, por isso aconselhou-o, por meio da inspiração, a intensificar o desejo

122) Missionários da luz, cap. 7.

de retomar as células físicas, de se apossar do próprio cérebro. Antônio compreendeu e passou a ajudar.

Alexandre fez complicadas operações magnéticas no corpo inanimado. Faltava-lhe, porém, o concurso de um encarnado. Solicitou, mentalmente, a presença da caravana do irmão Francisco, composta de quatro homens e quatro mulheres, todos desencarnados, que prestavam socorro noturno naquela região. Francisco recebeu o recado mental e compareceu, saindo a campo, a pedido de Alexandre, em busca de um médium encarnado que pudesse auxiliar. Voltou com Afonso, desprendido do corpo físico em função do sono, e disposto a ajudar. Não havia tempo a perder.

A um pedido de Alexandre, Afonso colocou as mãos na frente do enfermo, conservando-se em oração. O mentor, exímio conhecedor da ciência médica, passou a atuar como verdadeiro magnetizador. Transferia vigorosos fluidos de Afonso para o organismo de Antônio. André Luiz observou que, aos poucos, o perispírito do enfermo voltava a se acoplar à forma física, integrando-se ambos, harmoniosamente, célula por célula. Após 15 minutos, aproximadamente, estava finda a laboriosa intervenção magnética.

Alexandre explicou, então, a Justina, que o coágulo acabara de ser reabsorvido e que a artéria havia sido refeita com os recursos espirituais que conseguira, mas que Antônio teria, no máximo, cinco meses de vida terrena. E recomendou:

"Se você pleiteou o auxílio de agora para ajudá-lo a resolver negócios urgentes, não perca as oportunidades, porque os reparos deste instante não perdurarão por mais de 150 dias."

CASO DA SERVIDORA COM DISTÚRBIO CARDÍACO (123)

André Luiz observava agora o trabalho de cura realizado por Anacleto, diretor do serviço espiritual de passes da Casa Espírita. Postaram-se ao lado de uma senhora que tomara assento na mesa dos trabalhos. Observando o coração de nossa irmã, viram tenuíssima nuvem negra que cobria grande extensão da válvula mitral, estendendo-se pela válvula aórtica e lançando filamentos quase imperceptíveis sobre o nódulo sino-auricular.

Anacleto indicou o coração do organismo físico da irmã presente e continuou:

"- Esta amiga, na manhã de hoje, teve sérios atritos com o esposo, e caiu em desarmonia íntima. Isto ocorre se a mente da criatura encarnada ainda não atingiu a disciplina das emoções, acaba intoxicando-se com as emissões mentais daqueles com quem convive e que se encontram no mesmo estado de desequilíbrio. Às vezes, semelhantes absorções são inofensivas, todavia, em muitos casos, podem prejudicar o organismo. Isto acontece mormente quando os interessados não têm vida de oração, cuja influência benéfica pode anular inúmeros males. A pequena nuvem que vemos no órgão vital desta senhora, representa matéria mental fulminatória, se permanecer aí pode ocasionar-lhe perigosa enfermidade. Atendamos ao caso".

Anacleto colocou a mão direita sobre o epigastro da paciente, na zona inferior do esterno. Os jatos de luz dirigiam-se ao coração da enferma, impulsionados pela força inteligente e consciente do emissor. Assediada pelos princípios magnéticos, postos em ação, a reduzida porção de matéria negra,

123) Missionários da luz, cap. 19.

que envolvia a válvula mitral, deslocou-se vagarosamente e, como se fora atraída pela vigorosa vontade de Anacleto, veio aos tecidos da superfície, espraiando-se sob a mão irradiante, ao longo da epiderme. Foi então que o magnetizador espiritual iniciou o serviço mais ativo do passe, alijando a maligna influência. Fez o contacto duplo sobre o epigástrio, erguendo ambas as mãos e descendo-as, logo após, morosamente, através dos quadris até aos joelhos, repetindo o contacto na região mencionada e prosseguindo nas mesmas operações por diversas vezes. Em poucos instantes, o organismo da enferma voltou à normalidade.

A senhora que recebeu a ajuda ali na atividade do centro espírita não sabia do perigo que corria. Foi socorrida por sua fé sincera em seguir Jesus. Estivesse orando numa igreja católica romana ou num templo budista, receberia o socorro da mesma maneira, por intermédio de outro grupo de trabalhadores do Cristo. Se não fosse religiosa, mas tivesse sentimentos retos, ainda assim receberia auxílio. Somente não conseguiria receber, caso se fechasse na ignorância ou na maldade.

CASO DO SERVIDOR EM LUTA POR RENOVAÇÃO (124)

No trabalho de assistência ao passe, Anacleto e André Luiz postavam-se, agora, ao lado de um cavalheiro idoso, que apresentava o fígado profundamente alterado. Uma nuvem muito escura cobria grande parte do órgão, compelindo-o a estranhos desequilíbrios. Toda a vesícula biliar estava comprometida, assim como parte do duodeno e do pâncreas, modificando-se assim o processo digestivo.

124) Missionários da luz, cap 19.

Segundo Anacleto, tudo derivava da perturbação mental, uma vez que afligir a mente é alterar as funções do corpo. Colocou, então, a destra amiga sobre a fronte do cavalheiro e acrescentou:

"- Este irmão, portador de um temperamento muito vivo, está cheio dos valores positivos da personalidade humana. Tem atravessado inúmeras experiências em lutas passadas e aprendeu a dominar as coisas e as situações com invejável energia. Agora, porém, está aprendendo a dominar a si mesmo, a conquistar-se para a iluminação interior".

Devido à sinceridade no propósito de seguir os ensinamentos do Cristo, o doente tem entrado em conflito consigo mesmo, porque de um lado recebe as imposições de origem humana que lhe são necessárias ao aprendizado espiritual, e, de outro, os apelos da consciência à fidelidade aos novos princípios. Nesta luta, tem produzido pensamentos terríveis e destruidores, que segregaram essa matéria venenosa, que foi imediatamente atraída para o seu ponto orgânico mais frágil, que é o fígado. Ele, porém, está em prece e facilitará nosso serviço.

A oração, além de renovar-lhe as forças reparadoras, permitiu esse socorro imediato, sem o qual ele poderia ser vítima de doenças mortais do corpo. Se permanecesse no fígado, poderia determinar movimentos destruidores para os glóbulos vermelhos do sangue, complicaria as ações combinadas da digestão e perturbaria, de modo fatal, o metabolismo das proteínas. Anacleto fez uma pausa mais longa, sorriu cordialmente e acentuou:

"- Isto, porém, não acontecerá. Na luta titânica em que se

empenha consigo mesmo, a vontade firme de acertar é a sua âncora de salvação".

Aplicou-lhe um passe longitudinal sobre a cabeça, partindo do contacto simples e descendo a mão, vagarosamente, até a região do fígado, que o auxiliador tocava com a extremidade dos dedos irradiantes, repetindo-se a operação por alguns minutos. Surpreendido, observei que a nuvem, de matéria escura, se fizera opaca, desfazendo-se, pouco a pouco, sob o influxo vigoroso do magnetizador em missão de auxílio. O fígado voltou à normalidade plena. Aqui também o socorro espiritual foi fundamental para o êxito do passe.

Capítulo 16

RELATOS DE TRATAMENTOS ESPIRITUAIS

CASO DA MULHER GRÁVIDA SUBNUTRIDA (125)

Mais alguns minutos, Anacleto e André Luiz estavam diante de uma senhora grávida, em sérias condições de enfraquecimento. Profunda anemia invadia-lhe o organismo. Estava subnutrida, em virtude das dificuldades financeiras, o marido ganha pouco e ela é obrigada a vigílias, noite adentro, a fim de auxiliá-lo na manutenção do lar. Tem recolhido na prece não somente refúgio e consolação, mas também forças magnéticas de substancial expressão que a sustentam no presente drama biológico.

André Luiz também observou o útero e viu as manchas escuras que cercavam a organização fetal. Eram nuvens pardacentas vagueando em várias direções, dentro do sublime laboratório de forças geradoras. Anacleto observou:

125) Missionários da luz, cap. 19.

"- Se as manchas atravessarem o líquido, provocarão dolorosos processos patológicos em toda a zona do epiblasto. E o fim da luta será o aborto inevitável".

Comovidíssimo, contemplei o quadro divino daquela mãe sacrificada, unida à organização espiritual daquele que lhe seria o filho no porvir. Foi o chefe da assistência magnética que me arrebatou daquela silenciosa admiração, explicando:

"- Não obstante a fé que lhe exorta o caráter, apesar dos seus mais elevados sentimentos, nossa amiga não consegue furtar-se, de todo, à tristeza angustiosa, em certas circunstâncias. Há seis dias permanece desalentada, aflita. Dentro de algum tempo, o esposo deve resgatar um débito significativo, faltando-lhe, porém, os recursos precisos. A pobre senhora, contudo, além de suportar a carga de pensamentos destruidores que vem produzindo, é compelida a absorver as emissões de matéria mental doentia do companheiro, que se apóia na coragem e na resignação da mulher. As vibrações dissolventes acumuladas são atraídas para a região orgânica, em condições anormais e, por isso, vemo-las congregadas como pequeninas nuvens em torno do órgão gerador, ameaçando, não só a saúde maternal, mas também o desenvolvimento do feto".

Anacleto atuou por imposição das mãos sobre a cabeça da enferma, como se quisesse aliviar-lhe a mente. Em seguida, aplicou passes rotatórios na região uterina. Vi que as manchas microscópicas se reuniam, congregando-se numa só, formando pequeno corpo escuro. Sob o influxo magnético do auxiliador, a reduzida bola fluídico-pardacenta transferiu-se para o interior da bexiga urinária.

Anacleto deu por terminados os passes. E esclareceu:

"- Não convém dilatar a colaboração magnética para retirar

a matéria tóxica de uma vez. Lançada no excretor de urina, será alijada facilmente, dispensando a carga de outras operações".

O mentor dos trabalhos tomou de uma pequenina ânfora que parecia conter essências preciosas e lhe foi trazida por um dos cooperadores espirituais. Retirou do vaso certa porção de substância luminosa, projetando-a nas vilosidades uterinas, enriquecendo o sangue materno destinado a fornecer oxigênio ao embrião.

André Luiz estava admirado pela eficiência do concurso dado à irmã carente, recebendo a resposta de Anacleto:

"- Não podemos abandonar nossos irmãos na carne, ao sabor das circunstâncias, mormente quando procuram a cooperação precisa através da prece. A oração, elevando o nível mental da criatura confiante e crente no Divino Poder, favorece o intercâmbio entre as duas esferas e facilita nossa tarefa de auxílio fraternal. Imensos exércitos de trabalhadores desencarnados se movimentam em toda parte, em nome de Nosso Pai. Em vista disto, meu irmão, o homem de bem encontrará, depois da morte do corpo, novos mundos de trabalho que o esperam e onde desenvolverá, infinitamente, o amor e a sabedoria, de que possui os germens no coração".

CASO DA SENHORA COM ICTERÍCIA (126)

Clara e Henrique atendiam como passistas no Centro Espírita. O irmão Conrado era o instrutor espiritual dos serviços de socorro magnético em que ambos atuavam. Uma senhora, frequentadora do núcleo espiritista, tinha dificuldades de se sustentar de pé, enquanto aguardava o concurso de Clara. Seu ventre estava volumoso e o semblante dolorido. O mentor

126) Nos domínios da mediunidade, cap. 17.

chamou a atenção para o fígado.

Realmente, o órgão mencionado demonstrava a dilatação característica das pessoas que sofrem de insuficiência cardíaca. As células hepáticas pareceram a André Luiz vasta colmeia, trabalhando sob enorme perturbação. A vesícula congestionada impeliu-o a imediata inspecção do intestino. A bile comprimida atingira os vasos e assaltava o sangue. O colédoco interdito facilitava o diagnóstico. Ligeiro exame da conjuntiva ocular confirmava-lhe a impressão. A icterícia mostrava-se insofismável.

Após ouvir-me, Conrado reafirmou:

"- Sim, é uma icterícia complicada. Nasceu de terrível acesso de cólera, em que nossa amiga se envolveu no reduto doméstico. Rendendo-se, desarvorada, à irritação, adquiriu renitente hepatite, da qual a icterícia é a consequência."

- E como será socorrida?

Conrado, impondo a destra sobre a fronte da médium, comunicou-lhe radiosa corrente de forças e inspirou Clara a movimentar as mãos sobre a doente, desde a cabeça até o fígado enfermo. Notamos que o córtex encefálico se revestiu de substância luminosa que, descendo em fios tenuíssimos, alcançou o campo visceral. A senhora exibiu no rosto inequívoca expressão de alívio, retirando-se visívelmente satisfeita, depois de prometer que voltaria ao tratamento.

Hilário desejou saber se a irmã que recebera o tratamento estava curada.

"- Isso é impossível" - acentuou Áulus -; "temos aí órgãos e vasos comprometidos. O tempo não pode ser desprezado na solução."

Ante a curiosidade de Hilário, o mentor prosseguiu

"- O passe é uma transfusão de energias, alterando o campo celular. Vocês sabem que na própria ciência humana de hoje o átomo não é mais o tijolo indivisível da matéria (...) que, antes dele, encontram-se as linhas de força, aglutinando os princípios subatômicos, e que, antes desses princípios, surge a vida mental determinante (...) Tudo é espírito no santuário da Natureza. Renovemos o pensamento e tudo se modificará conosco. Na assistência magnética, os recursos espirituais se entrosam entre a emissão e a recepção, ajudando a criatura necessitada para que ela ajude a si mesma. A mente reanimada reergue as vidas microscópicas que a servem, no templo do corpo, edificando valiosas reconstruções. O passe, como reconhecemos, é importante contribuição para quem saiba recebê-lo, com o respeito e a confiança que o valorizam.

Em todos ficara a sensação de que a senhora ictérica, embora toda a ajuda recebida, ainda demoraria um bom tempo para recuperar-se do terrível acesso de cólera.

CASO DA DÉCIMA VEZ (127)

Anacleto, o chefe da assistência magnética na Casa Espírita, ia estender-se na observação de um caso, quando foi chamado por um dos cooperadores do serviço para a resolução de um caso. Queria a orientação dele para resolver um caso de "décima vez". Tratava-se de um frequentador habitual da Casa, que apresentava graves perturbações no baço. Surpreso, André Luiz examinou o enfermo, com atenção, ao mesmo tempo em que Anacleto o fazia. De fato, o fígado e o baço acusavam enorme desequilíbrio.

"- Desta vez", exclamou o chefe do auxílio, "apenas pode-

127) Missionários da luz, cap. 19.

remos aliviá-lo. Após dez vezes de socorro completo, é preciso deixá-lo entregue a si mesmo, até que adote nova resolução".

Instruiu, então, o servidor do passe a oferecer-lhe melhoras, mas não permitiu que lhe alijasse completamente a carga de forças destruidoras que o rebelde amigo acumulou para si mesmo.

- "Nossa missão é de amparar os que erraram, e não de fortalecer os erros", enfatizou.

Percebendo o espanto de André Luiz, Anacleto explicou:

"- Nosso esforço é também educativo e não podemos desconsiderar a dor que instrui e ajuda a transformar o homem para o bem. Nas normas do serviço que devemos atender nesta casa, é imprescindível ajuizar das causas na extirpação dos males alheios. Há pessoas que procuram o sofrimento, a perturbação, o desequilíbrio, e é razoável que sejam punidas pelas consequências de seus próprios atos. Quando encontramos enfermos dessa condição, salvamo-los dos fluidos deletérios em que se envolvem por deliberação própria, por dez vezes consecutivas, a título de benemerência espiritual. Todavia, se as dez oportunidades voam sem proveito para os interessados, temos instruções superiores para entregá-los à sua própria obra, a fim de que aprendam consigo mesmos. Poderemos aliviá-los, mas nunca libertá-los".

E Anacleto concluiu:

"- Este homem, não obstante simpatizar com as nossas atividades espiritualizantes, é portador de um temperamento menos simpático, por extremamente caprichoso. Estima as rixas frequentes, as discussões apaixonadas, o império de seus pontos de vista. Não se acautela contra o ato de encolerizar-se e desperta incessantemente a cólera e a mágoa dos que lhe desfrutam a companhia. Tornou-se, por isso mesmo, o centro de convergência de intensas vibrações destruidoras. Veio ao nosso grupo em busca de melhoras, e, desde há muitas semanas, buscamos orientá-lo no serviço do amor cristão, chamando-lhe a consciência à prática de obrigações necessárias ao seu próprio bem-estar".

O infeliz, porém, não nos ouve. Adquire ódios com facilidade temível e não percebe a perigosa posição em que se confina. Frequenta-nos há pouco mais de três meses e, durante esse tempo, já lhe fizemos as dez operações de socorro magnético integral, alijando-lhe as cargas malignas, não só dos pensamentos de angústia e represália que ele provoca nos outros, mas também dos pensamentos cruéis que fabrica para si. Agora, temos de interromper o serviço de libertação, por algum tempo. A sós com a sua experiência forte, aprenderá lições novas e ganhará muitos valores. Mais tarde, receberá, de novo, o socorro completo. O Senhor ama sempre, mas não perde a ocasião de aperfeiçoar, polir, educar..."

Capítulo 17

RELATOS DE TRATAMENTOS ESPIRITUAIS

PERITONITE AGRAVADA POR MAUS FLUIDOS

Vamos transcrever aqui, de forma resumida, um caso apresentado por nosso colega Indoval Moreli Heiderick, especialista em Traumatologia e Medicina do Trabalho, no Mednesp 95 - Congresso Nacional de Médicos Espíritas - e publicado, posteriormente, em 1996, no *Boletim Médico-Espírita 10*. Na época, o dr. Heiderick era presidente da Associação Médico-Espírita do Espírito Santo. Eis o resumo de seu relato:

O jovem FLS, sexo masculino, que reside atualmente no Município de Viana (ES), nasceu em 17 de janeiro de 1980, na Maternidade de Vila Velha (ES), de parto normal. A partir do quarto dia de nascimento, apresentou quadro clínico de vômitos incoercíveis e distensão abdominal, tendo sido internado no Hospital Infantil Nossa Senhora da Glória, em

Vitória (ES). Os exames complementares revelaram quadro de agenesia intestinal parcial (ausência de parte do intestino) Foi submetido a cirurgia abdominal para reconstrução do trânsito intestinal. Evoluiu em boas condições, com alta hospitalar após 15 dias de internação.

Foi internado novamente, no mesmo hospital, após quatro meses, com quadro de tosse produtiva, febre alta e queda do estado geral. Recebeu alta clínica sete dias depois.

Em 2 de fevereiro de 1993, aos 13 anos de idade, apresentando novamente dor abdominal de forte intensidade, vômitos incoercíveis e distensão abdominal, foi internado no Hospital Universitário Cassiano Antonio de Moraes, em Vitória (ES).

Após a realização de exames complementares, recebeu o diagnóstico de abdome agudo por obstrução intestinal. Foi submetido a laparotomia exploradora com a libertação de bridas e aderências intestinais. Em 27 de fevereiro, foi submetido a nova cirurgia abdominal, que revelou peritonite aguda difusa,sendo realizada lavagem da cavidade abdominal.

No dia 1º de março, sofreu nova cirurgia para drenagem de abscesso (subfrênico). Novas cirurgias foram realizadas nos dias 3 e 5 de março para lavagem da cavidade abdominal e, no dia 7 de março de 1993, para ressecção de aproximadamente 10 cm da alça intestinal . Evoluiu com quadro de setpticemia por estafilococos e, cinco dias depois, realizou a sétima cirurgia – ileostomia -, permanecendo com a bolsa de colostomia.

No dia 24 de abril de 1993, sofreu toracotomia intercostal à esquerda para drenagem de empiema pleural. Permaneceu internado durante meses, evoluindo em estado grave, com comprometimento do estado geral, desnutrição, anemia e quadro infeccioso resistente aos antibióticos de última geração.

Estava "desenganado" pela medicina.

No início de agosto, fomos procurados pela família do paciente no Grupo Espírita Irmã Clotildes. Os familiares encontravam-se desesperados e desesperançados em relação ao quadro que o paciente apresentava, pois, apesar de todos os recursos terapêuticos e do esforço da junta médica que o acompanhava, seu estado era cada vez mais grave e debilitado.

Atendendo à solicitação da família, e após o contato mantido com a equipe médica responsável pelo paciente, pedimos autorização para fazer o acompanhamento espiritual. Fizemos a primeira visita em 9 de agosto de 1993, às 18 horas, quando tivemos a oportunidade de visualizar um quadro grave, sob todos os aspectos, físico e espiritual. Buscando orientação com os mentores espirituais, fomos informados de que esse irmão estava tendo a oportunidade de resgatar seus débitos, em função de ter sido um traficante de escravos para o Brasil, em navios negreiros, quando deixava escravos morrerem de fome e de sede nos porões dos navios à espera de mercado.

Esse processo de resgate teve início já no período da embriogênese, ou seja, no da formação do embrião, quando o seu perispírito doente modelou a agenesia da alça intestinal. No processo recente, havia muitos irmãos vingadores que se utilizavam de outros iniciados na magia, para manipular as energias do centro gástrico do perispírito do paciente, aumentando o peristaltismo intestinal, dificultando a absorção dos alimentos e, inclusive, adulterando a composição química dos antibióticos.

A partir desse momento, foi instituído o tratamento espiritual por meio de passes no leito hospitalar, ingestão de água fluidificada, desobsessão (realizada nas reuniões mediúnicas da AME-ES e no Grupo Espírita Irmã Clotildes) e orientação à família, que passou a frequentar a casa espírita.

Com a terapêutica espiritual, o paciente começou a apresentar um melhora sensível a cada dia, obtendo alta hospitalar em 23 de agosto de 1993, ainda com a ileostomia, para acompanhamento ambulatorial. Começou a frequentar a casa espírita, em reuniões específicas para o seu caso, e foi mantido o tratamento desobsessivo. Com a evidente melhora evolutiva do quadro clínico, procuramos novamente a equipe médica e questionamos sobre o fato, mas os médicos não souberam explicar a mudança repentina no estado clínico do paciente.

Em primeiro de dezembro de 1993, foi reinternado para fechamento da ileostomia e reconstrução do trânsito intestinal, com evolução clínica muito boa, obtendo alta em 9 de dezembro. Atualmente, frequenta a casa espírita ocasionalmente e encontra-se em excelentes condições físicas e psicológicas.

Conclusão: levando-se em conta sua internação durantes seis meses, sua situação clínica, o sucesso das terapias aplicadas pela medicina clássica e a alta hospitalar 15 dias após o início da instituição terapêutica espírita, evidenciam-se fortes evidências do processo obsessivo na fisiopatogenia da doença e a importância da terapia espiritual na resolução do caso.

O CASO LAUDEMIRA (128)

Laudemira está internada em um hospital de uma grande metrópole brasileira com um trabalho de parto bastante difícil. O obstetra está tomando providências para levá-la à cesariana, uma vez que tentara todos os recursos possíveis e não conseguira a evolução para um parto normal.

A partir desse momento, desencadeia-se uma operação de

128) Ação e reação.

ajuda no mundo espiritual. Laudemira é tutelada da Mansão Paz, instituição espiritual dirigida pelo instrutor Druso, que tem o apoio constante do assistente Silas. Este é convocado a agir imediatamente no caso da parturiente, porque os benfeitores espirituais que a assistem diretamente no hospital sabem que uma cesariana seria desastrosa no caso dela.

E por quê? Silas conta que ela deveria receber mais três filhos, além daquele que está para vir, cujo parto está em vias de realizar-se. Ao todo seriam cinco filhos. Silas conheceu Laudemira, quando ela deu entrada na Mansão Paz, no início do século XX; estava semiconsciente, ainda muito traumatizada, perturbada com vários problemas. E pode depois acompanhar todo o seu drama após a morte.

Em um dado momento de sua estadia na Mansão Paz, na presença dos mentores espirituais, ela fez uma sessão especial de regressão de memória e tomou conhecimento de algumas de suas vidas pregressas, a fim de que pudesse projetar a próxima vida. Foi assim que esquematizou a descida atual, esta que ela vive presentemente na crosta terrestre, a fim de que pudesse trabalhar um pouco mais por sua reabilitação espiritual.

Descobriu-se, então, que ela fora frívola e inconsequente dama da corte de Joana II, rainha de Nápoles, de 1414 a 1435; possuía dois irmãos consanguíneos que lhe apoiavam todos os planos loucos de vaidade e domínio. Casou-se, mas arrastou o consorte para a morte pelo punhal de um de seus favoritos; viúva e dona de bens consideráveis, cresceu em prestígio por haver favorecido o casamento da rainha, então viúva de Guilherme, duque da Áustria, com Jaime de Bourbon, conde de La Marche.

Desde então, passou a associar-se, mais intimamente, às aventuras de sua soberana, confiando-se a prazeres e dissipações nos quais perturbou a conduta de muitos homens de bem, arruinando muitos lares. Com isso, provocou a ira de várias mulheres de seu tempo, menosprezou sagradas oportunidades de educação e beneficência que lhe foram concedidas pela bondade celeste.

Ao desencarnar, por volta de 1450, meados do século XV, ocupando, então, uma posição de grande prestígio na corte, desceu a medonhas profundezas infernais onde padeceu assédio de ferozes inimigos, que não lhe perdoaram os débitos, delitos e deserções.

Sofreu por mais de cem anos consecutivos nas trevas, conservando a mente parada nas ilusões que lhe eram próprias, voltando à carne por quatro vezes consecutivas por intercessão de amigos do plano superior em cruciantes problemas expiatórios no decurso do quais, na condição de mulher, embora abraçando novos compromissos, experimentou pavorosos vexames e humilhações da parte de homens sem escrúpulos que lhe asfixiavam todos os sonhos.

Silas conta que ela continuava ligada às sombras, porque a queda no abismo fora de longo curso, e ninguém consegue emergir dessa situação em um salto. Desse modo, ela entrava pela porta do berço e saía pela do túmulo, transportando consigo desajustes interiores que não podia sanar de um momento para outro.

O socorro veio por meio do pagamento parcelado de suas dívidas. Não obstante mentalmente jungida aos planos inferiores, desfrutou da bênção do esquecimento temporário e reaproximou-se de credores reencarnados, com isso angariou preciosas forças.

Teria ela melhorado? Silas afirma que de alguma maneira conseguiu melhoras, porque padeceu tremendos golpes no orgulho que trazia cristalizado no coração. É verdade que não conseguiu superar em certas ocasiões a aversão instintiva diante dos adversários, contraindo novas dívidas, como a de ter afogado uma criancinha que mal ensaiava os primeiros passos, de modo a ferir a senhora da casa em que servia de ama para vingar-se de crueldades recebidas.

Ela era atendida pelos benfeitores espirituais, mas não estava ainda interessada verdadeiramente na modificação interior, até que há 30 anos ela foi internada na Mansão Paz, uma instituição que pertence à jurisdição da cidade espiritual Nosso Lar. Como o livro Ação e Reação, no qual foi registrada esta história, foi lançado em 1957, tudo indica que ela foi internada na instituição por volta de 1927.

Como vimos, Laudemira havia encerrado a penúltima existência no plano carnal no início do século XX, tendo atravessado longos padecimentos nas esferas de baixo nível, o que deve ter significado, uns vinte e tantos anos, quando adentrou, então, a Mansão Paz, em estado de terrível demência. Depois, quando submetida à hipnose, revelou os fatos narrados acima, que constam naturalmente da ficha que lhe define a personalidade nos arquivos do mundo espiritual.

Como vemos, temos computadores de alta precisão, que guardam os arquivos existenciais de todos os moradores da colônia Nosso Lar, não somente os da Mansão Paz.

Em estado de vigília, Laudemira não se lembra de nada, porque ainda se encontra mentalmente sintonizada com a inferioridade. Para soerguer-se moralmente, deve, na atual encarnação, receber cinco de seus antigos cúmplices, procurando reerguer-lhes os sentimentos na direção da luz, em abençoado e longo sacerdócio materno. Do seu êxito no presente, dependerão as facilidades que espera recolher do futuro para liberação definitiva das sombras.

Os erros, portanto, foram cometidos há pouco mais de 500 anos, depois disso, cem anos foram gastos nas profundezas das trevas, nas regiões abaixo da superfície terrestre e continuam hoje a repercutir em sua lenta recuperação, a partir da Mansão Paz.

Este caso é muito rico porque nos dá toda a trajetória de uma alma em busca da luz. Serve como exemplo para que possamos entender um pouco mais sobre os dramas à nossa volta e a nossa própria história como seres imortais. Instrui-nos para não simplificar demais os casos que surgem para tratamento e orientação nos templos religiosos. Temos de ter em vista que as modificações das pessoas são lentas, não se fazem de um momento para outro, para que se verifiquem, é preciso contar com o fator tempo.

Outro aspecto marcante desse caso é a vigilância e a assistência das equipes espirituais no socorro à saúde humana. Vemos, neste caso, uma parturiente comum, para a qual foi indicada a cesariana, mas que não podia fazer a cirurgia, sendo imediatamente acionada a equipe espiritual de socorro. E o que é que se deu? Com alguns passes e a ação magnética desse extraordinário Silas, o trabalho de parto desenvolveu-se normalmente e ela ficou apta a receber mais três filhos, para perfazer o total de cinco, com os quais está compromissada.

E porque é tão importante para ela receber mais três? São exatamente os seus piores inimigos, por isso mesmo ela vai haurir grandes benefícios com a sua função maternal. Se ela reerguer-lhes os sentimentos na direção da luz, nesse abençoado sacerdócio materno, terá conseguido vencer a parte mais negativa do ser. Vemos, assim, o valor que a espiritualidade dá à alma feminina, ao papel da mãe como educadora, como enobrecedora dos valores humanos.

É importante estudar esses casos porque abrem nosso entendimento para compreender os dramas complexos que envolvem grande parte das pessoas que nos procuram nas Casas Espíritas em busca de ajuda. Muitas vezes, os mentores fazem de tudo para trazê-las ao templo a fim de aproveitarem um pouco mais a oportunidade atual. Para receberem orientação segura, correta, é preciso que orientadores, passistas, doutrinadores, ou esclarecedores, enfim, os trabalhadores de boa vontade, estejam dispostos a colocar o coração na tarefa, a fim de ajudar com desprendimento e bondade.

Capítulo 18

COMO APLICAR OS PASSES

De todos os casos estudados, nos diversos tratamentos espirituais que relatamos, emerge uma verdade cristalina: os gestos do passista pouco importam na transmissão do fluido magnético, pois são os mentores que orientam o trabalho de cura. Os humanos praticamente nada sabem acerca da direção e da manipulação dos fluidos. Isto fica bem claro quando recordamos o atendimento que Clara deu à mulher com icterícia; foi o mentor que distribuiu o fluido para as regiões que necessitavam de refazimento. A médium apenas obedeceu aos gestos que lhe eram intuídos.

Quando se trata, portanto, de fluido misto: humano-espiritual, como é o caso dos passes aplicados na maioria das casas espíritas, é a equipe do além que dirige e emprega as energias radiantes nos pacientes.

Assim, independentemente dos gestos do passista encarnado, as forças do ectoplasma serão emitidas, em favor do beneficiário, sempre que o doador se mantiver em clima de boa vontade e confiança, sustentado na fé e na oração, seja com a simples imposição das mãos no alto da cabeça do receptor, seja por gestos mais elaborados.

Por isso mesmo, quando perguntaram ao benfeitor Emmanuel (129), como deve ser recebido e dado o passe, ele responde com clareza:

> O passe poderá obedecer à fórmula que forneça maior porcentagem de confiança, não só a quem o dá, como a quem o recebe. Devemos esclarecer, todavia, que o passe é a transmissão de uma força psíquica e espiritual, dispensando qualquer contacto físico na sua aplicação.

Assim também pensava o magnetizador Du Potet. Ele não se preocupou em detalhar os procedimentos de aplicação em suas obras. Seu método de trabalho consistia preferencialmente na aplicação de passes, porém dava pouca importância aos gestos em si, pois, conforme o seu entendimento, a vontade de fazer o bem seria o principal motor que impulsiona o fluido magnético beneficiando o enfermo.(130)

Se o gesto não é determinante, como o passista deve proceder em relação ao modo de aplicação do passe? A maioria das instituições espíritas dá cursos, ensinando ritmos e regras quanto ao emprego do fluido magnético; algumas são favoráveis a gestos mais expansivos e elaborados, outras privilegiam a menor gesticulação.

O passista deve decidir-se pelo tipo de doação que lhe dê maior confiança. Uma vez feita a escolha do templo onde prefere trabalhar, não deve se esquecer de manter fidelidade à orientação da Casa, seguindo suas diretrizes, caso contrário, não renderá convenientemente por falta de sintonia com o ambiente espiritual.

Para melhor compreender as regras que os dirigentes dos

129) O consolador, q. 99.

130) Mesmer, a ciência negada, os textos escondidos, p. 97 e 112.

trabalhos estabelecem, o passista deve levar em consideração alguns fatores importantes. Estou de acordo com Edgard Armond (131) quando diz que, nas casas espíritas de grande movimento, onde é necessário atender um público numeroso, não é conveniente deixar os passistas com inteira liberdade de gestos, porque, então, poderiam surgir condutas inadequadas.

A tendência, nesses casos, é manter determinada uniformidade no atendimento, principalmente quanto ao tempo de duração do passe e à norma de não tocar fisicamente nos pacientes. Com relação aos passes em si, se serão padronizados ou não, vai depender da escolha dos dirigentes das instituições.

É claro que as Casas devem também orientar quanto à obediência às regras de higiene física e mental, além de outras, mas a padronização dos gestos, em vários tipos de passe, não é consenso entre os dirigentes. A ordem, no entanto, é bem-vinda em todas as atividades humanas e, certamente, é seguida por todos os que desejam servir em nome de Jesus.

Consideramos importante não se deixar levar pelo preconceito, porque há pessoas que desconsideram a atividade de doação fluídica quando não se dá dentro de certos padrões; isso prejudica a vivência da fraternidade e da tolerância entre as instituições.

Este e outros fatores que impedem o cultivo do amor entre os seguidores do Cristo deveriam ser revistos e reformulados, sobretudo, pelo movimento espírita, que procura atender aos princípios do Cristianismo Redivivo. Os frutos da sementeira seriam muito mais abundantes e melhores, e as instituições cumpririam com maior eficácia o papel consolador do Espiritismo.

Em nossa Casa Espírita, no Jabaquara, em São Paulo, não

131) Passses e radiações, cap. 9.

adotamos os vários tipos de passes padronizados, apenas o movimento das mãos em sentido longitudinal, partindo do alto da cabeça e deslizando-as ao longo do corpo do paciente, evidentemente, tomando cuidado para não tocar no corpo do beneficiário.

QUARTA PARTE - QUEM DOA? QUEM RECEBE?

Quem pode dar passes?

Qualidades do agente de saúde espiritual

Como circulam as forças radiantes no receptor

Passe e oração

Capítulo 19

QUEM PODE DAR PASSES ?

E estes sinais hão de acompanhar aqueles que creem: em meu nome expelirão demônios; falarão outras línguas; pegarão em serpentes; e se beberem qualquer coisa mortífera, não lhes fará mal algum; imporão as mãos sobre os enfermos e os curarão. Depois de lhes ter assim falado, o Senhor Jesus ascendeu ao Céu, onde sentou-se à direita de Deus. Os discípulos partiram e pregaram em toda a parte, cooperando com eles o Senhor, e confirmando a palavra pelos milagres que a acompanhavam.

Marcos, 16: 17-20

Quando alguém é designado, pela primeira vez, a cooperar na tarefa dos passes geralmente se espanta e esta é a pergunta que mais se ouve: Mas eu posso dar passes?

Fomos buscar a resposta de um dos mais abalizados mentores da Espiritualidade - Alexandre - o Instrutor do livro *Missionários da Luz,* para que não restasse dúvida em nosso aprendizado.

Quando André Luiz perguntou a ele se os amigos encarnados, de modo geral, poderiam colaborar nas atividades do passe magnético, ele respondeu prontamente:

- Todos, com maior ou menor intensidade, poderão prestar concurso fraterno, nesse sentido, porquanto, revelada a disposição fiel de cooperar a serviço do próximo, por esse ou aquele trabalhador, as autoridades de nosso meio designam entidades sábias e benevolentes que orientam, indiretamente, o neófito, utilizando-lhe a boa vontade e enriquecendo-lhe o próprio valor.

Mas Alexandre, a seguir, ressalta um ponto crucial:

> são muito poucos os que decidem colaborar. Embora a capacidade exista, o concurso dos encarnados é pequeno. A seara é grande e os trabalhadores são poucos.
>
> São muito raros os companheiros que demonstram a vocação de servir espontaneamente. Muitos, não obstante bondosos e sinceros nas suas convicções, aguardam a mediunidade curadora, como se ela fosse um acontecimento miraculoso em suas vidas e não um serviço do bem, que pede do candidato o esforço laborioso do começo. (132)

Quando o candidato não tem expectativas exageradas quanto aos resultados dos passes, porque respeita a Vontade Superior, e apresenta-se com boa vontade para o trabalho, os benfeitores espirituais estão sempre dispostos a orientá-lo.

Mas poderíamos objetar, da mesma forma como André Luiz o fez ao mentor, mesmo que o encarnado ofereça valores muito reduzidos, ele poderia ser aproveitado? A resposta é esclarecedora:

> - Perfeitamente. Desde que o interesse dele nas aquisições sagradas do bem seja mantido acima de qualquer preocupação transitória, deve esperar incessante progresso das faculdades radiantes, não só pelo próprio esforço, senão também pelo concurso de Mais Alto, de que se faz merecedor.

132) Missionários da luz, cap. 19.

A resposta de Alexandre está plenamente de acordo com o convite que Jesus fez a todos os seus seguidores, anotado pelo evangelista Marcos (16:17-20), e que colocamos no frontispício deste capítulo. É preciso ressaltar que o Mestre, nos derradeiros momentos em que esteve materializado entre os encarnados, deixou esse programa dirigido, indistintamente, a todos os que creem em seus ensinamentos e desejam ser seus seguidores. E, dentre as recomendações, aparece, com toda clareza, a tarefa de impor as mãos sobre os enfermos, com a sua promessa de apoio na obtenção da cura.

Por isso, essa tarefa das Casas Espíritas é um compromisso sagrado com o Mestre Jesus.

Mas aqui, como em qualquer outra modalidade de mediunidade, o exercício constante é fundamental. A assiduidade e a boa vontade, o desprendimento e a dedicação, são fundamentais para o incremento das forças radiantes.

Toda vez que a pessoa decide em seu coração realizar uma tarefa, precisa deixar espaço mental a fim de cultivá-la e torná-la realidade. E o servidor devotado sempre encontra apoio da Espiritualidade Superior para sustentar e ampliar sua capacidade de doação. Recordemos esta pérola de ensinamento que consta da obra *Nos Domínios da Mediunidade*: "O pensamento é tão significativo na mediunidade, quanto o leito é importante para o rio". (133)

A figura não poderia ser mais clara. Um rio por mais que seja constituído de águas límpidas e puras, não permanecerá assim, se tiver de passar por um leito de lama. Do mesmo modo, as lições dos mensageiros divinos para serem transmitidas, ou as forças radiantes deles a serem distribuídas,

133) Nos domínios da mediunidade, cap. 13.

para manter o mesmo grau de pureza, necessitam passar por canalização adequada.

Compete ao médium, portanto, manter-se como instrumento útil. Precisa conscientizar-se de que a mediunidade não é simples intercâmbio, é processo de autoeducação em que o burilamento se dá com o serviço desinteressado em favor do próximo. Toda tarefa, para crescer, exige trabalhadores que estejam dispostos a elevar-se a si mesmos; e ninguém evolui, espiritualmente, sem cuidar da melhoria e do cuidado com seus pensamentos, palavras e atos.

Aprendemos que pensar é criar e que "nossos pensamentos geram nossos atos e nossos atos geram pensamentos nos outros". (134)

Por isso, todo cuidado é pouco com as idéias nas quais vivemos mergulhados, porque elas estão diretamente ligadas ao teor dos pensamentos e das reflexões mais íntimas. Por tudo isso, compreendemos que o primeiro e mais importante compromisso do médium responsável é com o estudo construtivo e a ação positiva no campo da caridade.

Isto porque a "comunhão com os orientadores do progresso espiritual do mundo, através do livro, nos enriquece de conhecimento, acentuando-nos o valor mental; e a plantação de bondade constante traz consigo a colheita de simpatia (...) (135)

Os médiuns que lutam contra o personalismo inferior, buscando, com sinceridade, cultivar a humildade e a caridade, são legítimos vanguardeiros do progresso espiritual, capazes de refletir, com suas idéias sublimadas, a Luz que jorra do Mais Alto, do coração amoroso do Mestre Jesus.

134) e 135) Nos domínios da mediunidade, cap. 13

ATITUDES QUE OS PASSISTAS DEVEM EVITAR

O passista ou candidato ao emprego de forças radiantes em favor dos enfermos deve procurar equilibrar o campo das emoções. As energias construtivas não podem ser fornecidas se houver sistemático desperdício das forças vitais. (136)

Não pode haver doação, por exemplo, com sistema nervoso esgotado, em frangalhos. E de que maneira pode-se esgotá-lo? Aquele que cultiva mágoa excessiva, paixão desvairada, inquietação permanente, não transmite, nem faz circular, as energias radiantes, porque seu próprio sistema nervoso está comprometido, desgastado.

Vemos, assim, que o doador tem uma excelente oportunidade de auto-aprimoramento. Ele sabe que a suas crises de cólera e revolta, maledicência e leviandade, desespero e intemperança são verdadeiras tempestades magnéticas sobre o seus próprios envoltórios, o perispírito e o corpo físico, por isso procura evitá-las ao máximo, para não se desgastar.

Do mesmo modo, quando estão em curso moléstias do sangue ou degenerativas, como a anemia e o câncer, não é recomendável a doação fluídica, porque o próprio médium está necessitado de repor suas energias desgastadas. É preciso lembrar o que já vimos: o duplo etérico circula no sangue e o fluido magnético está diretamente implicado no sistema de defesa do corpo físico.

O excesso de alimentação também constitui impeditivo ao desenvolvimento da capacidade de doação fluídica, porque a pessoa passa a produzir odores fétidos, detectados, espiritu-

136) Missionários da luz, 323.

almente, pelos poros, bem como das saídas dos pulmões e do estômago, prejudicando a circulação das faculdades radiantes.

Do mesmo modo, o fumo, o álcool e outras substâncias tóxicas operam distúrbios nos centros nervosos, modificando certas funções psíquicas e anulando os melhores esforços na transmissão de elementos regeneradores e salutares. São notórios e bastante divulgados os malefícios do cigarro. Sabemos que a resistência orgânica decresce muito com o hábito de fumar, favorecendo o aparecimento de doenças, muitas vezes fatais, e que poderiam ser claramente evitáveis.

Sobre os malefícios do tabaco e das drogas, recomendamos a leitura do livro *Lições de Sabedoria* (137) que contém ensinamentos de Emmanuel através de Chico Xavier

A esse respeito, o mentor esclarece sobre o perispírito do fumante no além:

O problema da dependência continua até que a impregnação dos agentes tóxicos nos tecidos sutis do corpo espiritual ceda lugar à normalidade do envoltório perispirítico, o que, na maioria das vezes, tem a duração do tempo correspondente ao tempo em que o hábito perdurou na existência física do fumante. Quando a vontade do interessado não está suficientemente desenvolvida para arredar de si o costume inconveniente, o tratamento dele, no Mundo Espiritual, ainda exige quotas diárias de sucedâneos dos cigarros comuns, com ingredientes análogos aos cigarros terrestres, cuja administração ao paciente diminui gradativamente, até que ele consiga viver sem qualquer dependência do fumo.

Como vemos, é de todo recomendável que nos esforcemos para vencer o hábito nocivo, enquanto estamos na vida física,

137) Lições de sabedoria, cap.13.

a fim de favorecer as nossas tarefas nesta e na outra dimensão. Toda vigilância, portanto, é pouca, por parte dos médiuns. Os que são guiados tão somente pela vaidade ou pela ambição inferior, acabam vampirizados, porque, fatalmente, encontram entidades que com eles se afinam, precipitando-se em difíceis situações obsessivas.

Infelizmente, temos tido alguns exemplos de irmãos nossos dedicados à cura e que se desviaram do objetivo construtivo do "dai de graça o que de graça recebestes", aceitando dinheiro no exercício de suas faculdades curativas. Muitos voltam do além, em estado lastimável, para contar, arrependidos, o desvio e a perda da existência pelo mau uso da mediunidade, lamentando o engano cruel que os precipitou no arrependimento. E só terão um meio de se recompor: recomeçando uma nova existência.

É inegável que o desenvolvimento das forças radiantes está intimamente ligado ao auto-aperfeiçoamento, ao cultivo das boas qualidades (138)

Há, no entanto, algo que devemos sempre lembrar, onde houver merecimento por parte dos que sofrem e boa vontade nos que auxiliam, os mentores estarão sempre dispostos a conceder o benefício espiritual. Eles sempre lembram que, se a prática do bem estivesse circunscrita aos Espíritos completamente bons, seria impossível a redenção humana. Eles só podem mesmo contar conosco, espíritos imperfeitos em vias de evolução.

A ninguém, pois, devemos desencorajar. Os benfeitores espirituais, ao referirem-se às qualidades necessárias aos servidores desse campo de auxílio, não o fazem para desencorajá-los, mas para orientar as aspirações do trabalhador, com vistas ao crescimento da sua tarefa em valores positivos e eternos.

138) Missionários da luz, p. 324.

Capítulo 20

QUALIDADES DO AGENTE DE SAÚDE ESPIRITUAL

O marquês de Puységur, que foi fiel seguidor de Mesmer e tão grande contribuição deu ao estudo do magnetismo, tendo ele mesmo tratado, gratuitamente, centenas de criaturas pobres, com o socorro magnético, deixou-nos uma reflexão sobre a doação.

Contentemo-nos em fazer, a exemplo do senhor Mesmer, esforços sobre nós mesmos: e certos de muito fazer, por não se exaltar ao extremo, vendo todos os efeitos surpreendentes e salutares que um homem, com o coração reto e amor ao bem pode operar pelo magnetismo animal. (139)

Sem dúvida, é um convite importante aos passistas para que tenham o coração reto e o amor ao bem na justa aplicação de suas forças radiantes. Tendo em vista as suas responsabilidades, os passistas (140) devem ser os primeiros a buscar a preservação da higiene espiritual da câmara destinada ao serviço

139) Mesmer, cap. 6, p. 111.
140) Nos domínios da mediunidade, 17, p. 189.

de passes, não permitindo que, sob seu teto, desenrolem-se conversas frívolas ou atitudes menos edificantes.

Na câmara de passes, reúnem-se sublimadas emanações mentais da maioria de quantos se valem do socorro magnético, tomados de amor e confiança, formando-se uma espécie de altar interior, constituído dos melhores pensamentos, preces e aspirações, tanto dos que são beneficiados, quanto dos que ali trabalham com amor.

Os Benfeitores Espirituais afirmam que o passista, no mundo espiritual, obedece a um programa. Ele procura ter (141):

- Grande domínio sobre si mesmo.
- Espontâneo equilíbrio de sentimentos.
- Acendrado amor aos semelhantes.
- Alta compreensão da vida.
- Fé vigorosa.
- Profunda confiança no Poder Divino.

Diante de um programa com requisitos tão abrangentes, o candidato a passista na lide humana poderia até se sentir amedrontado ou mesmo incapacitado, sobretudo, quando tem consciência de suas próprias fraquezas e dificuldades íntimas em relação à tarefa.

Referindo-se a isso, Alexandre ameniza o rigor afirmando:

> na esfera carnal, a boa vontade sincera, em muitos casos, pode suprir essa ou aquela deficiência, o que se justifica, em virtude da assistência prestada pelos benfeitores de nossos círculos de ação ao servidor humano, ainda incompleto no terreno das qualidades desejáveis. (142)

Com base nesta observação, cremos que o servidor do trabalho de passe não deve se fixar nas virtudes que ainda não

141) e 142) Missionários da luz, cap. 19, p. 320 e 32.

conseguiu amealhar, mas nos esforços que está fazendo para conquistá-las. Para o servidor sincero, tudo é luta e aprendizado. Com as tarefas do passe, inscreve-se nos caminhos do autoaperfeiçoamento, que lhe vão permitir maior aprimoramento espiritual. Quem se inscreve em um programa desses, em qualquer setor de trabalho, não pode se esquecer, de que a ausência de estudo significa estagnação. Jamais deve desistir de aprender. (143)

A respeito do "Amai-vos e Instruí-vos" do Evangelho, o dr. Alberto Seabra, espírito, tem interessante recomendação:

Quando os Instrutores da Sabedoria preconizam o estudo, não desejam que o aprendiz se intelectualize em excesso, para a volúpia de humilhar os semelhantes com as cintilações da inteligência, e, quando recomendam a meditação, decerto não nos inclinam à ociosidade ou ao êxtase inútil.(144)

Sem dúvida, a doação de passes é oportunidade inegável de autodisciplina e vigilância, de reforma íntima e esforço construtivo no bem. O passista, além de enriquecer-se, espiritualmente, pelo estudo constante e edificante, tem a oportunidade de adquirir hábitos nobres por seu trabalho simples e humilde em favor da saúde humana. (144)

O fato de não ter controle sobre os resultados obtidos por meio de sua faculdade, levam-no ao exercício da humildade e da paciência. Relembra-se sempre do ensinamento do Codificador:

... são extremamente variados os efeitos da ação fluídica sobre os doentes, algumas vezes é lenta e reclama tratamento prolongado, como no magnetismo comum; de outras vezes é

143) Missionários da luz, 196, cap. 19.
143) Vozes do grande além, cap. 4.
144) Mecanismos da mediunidade, cap. 22, p. 146.

rápida, como uma corrente elétrica.(145)

Com relação à ação fluídica e a humildade a ser desenvolvida, é sempre bom lembrar o exemplo de André Luiz quando começou a transmitir passes (146) Sua primeira paciente foi uma senhora desencarnada, cega, portadora de tracoma; com a transmissão do passe, ela passou a enxergar.

André Luiz ficou muito empolgado, sobretudo quando a beneficiária fez elogios à sua capacidade curadora, mas Aniceto, o mentor espiritual, chamou a sua atenção, pedindo-lhe para não enveredar por esse caminho, porque os resultados do tratamento espiritual pertencem a Deus. Inclinando-o a considerar que todo o bem procede do coração generoso de nosso Pai.

Andre Luiz recompôs-se, respondendo à beneficiária: "Minha amiga, agradeça a Jesus e não a mim, que sou apenas obscuro servidor".

O médico desencarnado atendeu também a um senhor cuja região facial apresentava-se com um aspecto horrível; trazia ainda o reflexo do câncer que o acometera na última existência terrena. O passe em nada modificou o quadro.

Como lembrou Aniceto, alguns se sentem curados, outros acusam melhoras, e a maioria parece continuar impermeável ao tratamento espiritual. Pode-se dizer que o mesmo ocorre no atendimento da casa espírita. Segundo os mentores, isto acontece por falta de educação religiosa; os espíritos demoram a se desvencilhar das doenças que eclodiram no corpo físico e que ainda permanecem radicadas no perispírito, mesmo após a desencarnação. Todas essas ponderações falam em favor da

145) A gênese, cap. 14, p. 279.
146) Os mensageiros , XLIV.

prudência que o passista deve ter, entregando a Deus todos os resultados da ação magnética.

Àqueles que persistem em suas atividades, apesar de reconhecerem as próprias imperfeições, lembramos a lição de Conrado, um dos benfeitores da doação fluídica, com muitas horas de serviço no mundo espiritual. Diz ele:

> somos simples elos de uma cadeia de socorro, cuja orientação vem do Alto. Na verdade, somos singela tomada elétrica, dando passagem à força que não nos pertence e que servirá na produção de energia e luz. (147)

Somos simples tomada elétrica em um canto escuro da sala. Por nós passa a força, nós não a controlamos, não somos donos dela. Essa imagem deveria ser gravada em nossa memória. Por meio dela, recordaríamos sempre: para que os raios do poder divino encontrem acesso e passagem por nós, a benefício dos outros, é imprescindível que o nosso coração e a nossa mente estejam dispostos ao exercício do amor, da humildade e da fé viva.

Não podemos nos esquecer de que cada médium possui características especiais, há uns que tem mais sucesso auxiliando determinado tipo de doença, outros distribuem maior energia regenerativa, e assim por diante.

No caso dos passes, estamos lidando com essa mesma força, que varia muito em intensidade e qualidade, de médium para médium, porque, embora o potencial magnético seja peculiar a todos, as suas expressões graduam-se ao infinito. (148)

Os candidatos à doação fluídica não devem esquecer as ponderações de Emmanuel:

> No que se refere aos doentes, os cientistas ateus apenas

147) Nos domínios da mediunidade, cap. 17.
149) Evolução em dois mundos, cap. 15, parte 2.

> enxergam o corpo na alma e os religiosos fanáticos extremistas apenas enxergam a alma no corpo; as inteligências sensatas, porém, observam uma e outro, conjugando bondade e medicação nos processos de cura. (149)

Nesta mesma lição, o Benfeitor chama a atenção dos religiosos para não se deixarem levar pelo fanatismo. Ao relatar alguns casos de assistência espiritual neste livro, também tivemos a mesma inteção, ou seja, a de relembrar que o processo do adoecer e da cura são muito complexos e não podem ser vistos de forma simplista. É ainda Emmanuel que ressalta:

> Os religiosos extremistas, à feição de místicos intransigentes, quase sempre entregam exclusivamente à oração todo o trabalho socorrista, interpretando a moléstia como simples ato expiatório da criatura, qual se a alma encarnada fosse onipotente, na própria defensiva, olvidando que os vírus não interrompem o assalto infeccioso diante dessa ou daquela preleção de moral.

E o mentor conclui: "seja qual for o doente do qual te aproximes, compadece-te quantas vezes se fizerem necessárias, entendendo que é preciso aprender a ajudar o necessitado, de maneira que o necessitado aprenda a ajudar a si mesmo". (150)

149) e 150) Seara dos médiuns, lição Mediunidade e doentes, p. 185.

Capítulo 21

QUEM RECEBE

Quando o assunto é o estudo do passe, geralmente, centralizamos no passista a nossa atenção, mas bem depressa compreendemos que não devemos perder de vista o binômio: doador-receptor. E do amálgama - o fluido espiritual - que a Bondade Divina derrama sobre ambos.

Até o momento, focalizamos bastante o doador, suas qualidades e responsabilidades, seus compromissos espirituais. Devemos, no entanto, analisar o passe também do ponto de vista do receptor. E a esse respeito há pontos muito importantes a considerar.

François Deleuze, um dos pioneiros do magnetismo, ressalta:

> No magnetismo, para um indivíduo agir sobre outro, é necessário haver uma simpatia moral e física entre ambos. A vontade é a primeira condição para magnetizar. A segunda condição é a fé do magnetizador na sua capacidade. A terceira é o desejo de fazer o bem. (151)

A vontade do passista em magnetizar é fundamental para a emissão e a qualidade do fluido magnético, que tem por base

151) Deleuze, 1819, p.111.

de sustentação a fé e o desejo de fazer o bem. Sem a adesão da vontade do paciente, porém, todo o esforço será praticamente inútil. Como ressalta Deleuze, precisa haver simpatia moral e física entre ambos.

Mesmer também chamou a atenção para o fato de que o magnetismo animal não curará certamente aquele que ao sentir o retorno de suas forças se volta para novos excessos. Antes de tudo, é indispensável que o doente deseje ser curado. (152)

Há pacientes que nada recebem. As irradiações magnéticas não penetram o veículo orgânico deles. Falta-lhes o estado de confiança. Sem a fé, é impossível reter qualquer auxílio espiritual.

No estudo do Mecanismo do Passe, André Luiz ressalta essa necessidade:

> Estabelecido o clima de confiança, qual acontece entre o doente e o médico preferido, cria-se a ligação sutil entre o necessitado e o socorrista e, por semelhante elo de forças, ainda imponderáveis no mundo, verte o auxílio da Esfera Superior, na medida dos créditos de um e de outro.
>
> Ao toque da energia emanante do passe, com a supervisão dos benfeitores desencarnados, o próprio enfermo, na pauta da confiança e do merecimento de que dá testemunho, emite ondas mentais características, assimilando os recursos vitais que recebe, retendo-os na própria constituição fisiopsicossomática, através das várias funções do sangue. (153)

Quando assimila os recursos vitais, o paciente retém os benefícios fluídicos na corrente sanguínea, conforme já foi relatado . E todos nós sabemos da relação entre os elementos do sangue e o sistema imunológico ou de defesa do organismo. Assim, quanto mais intensa for a adesão da vontade do

152) Mesmer, 1781, citado por Paulo Henrique Figueiredo, p.111.
153) Mecanismos da mediunidade, cap. XXII.

paciente maiores benefícios recolherá.

A melhora se dá na medida em que aceita a intervenção espiritual, porque passa a centralizar as próprias radiações sobre as suas próprias células, regulando-lhes os movimentos e corrigindo suas atividades, mantendo suas manifestações dentro de normas desejáveis. Uma vez estabelecida a recomposição, volve a harmonia orgânica possível, assegurando à mente o governo sobre o seu organismo de manifestação. A adesão da vontade de quem recebe o passe é, portanto, de crucial importância, tendo em vista que toda cura é antes de tudo uma autocura.

E André Luiz deixa bem claro isso: a vontade fortalecida no bem pode soerguer a vontade enfraquecida de outrem para que essa vontade novamente ajustada à confiança magnetize naturalmente os milhões de agentes microscópicos a seu serviço, a fim de que o Estado Orgânico, nessa ou naquela contingência, se recomponha para o equilíbrio indispensável.

Vamos relatar uma pesquisa realizada no Hospital das Clínicas, em São Paulo, que mostra uma porcentagem de 10% de pacientes refratários ao tratamento com johrei, o equivalente ao passe, que é utilizado pelos adeptos da Igreja Messiânica.

O estudo inédito foi realizado pelo Serviço de Gastroenterologia do Hospital das Clínicas (HC) da Faculdade de Medicina da USP (FMUSP) e pela Universidade do Arizona (Estados Unidos), e mostrou que o Johrei - técnica milenar praticada na medicina oriental - pode ser a esperança para pacientes que sentem fortes dores no peito, mas não apresentam nenhuma doença que justifique as queixas. De acordo com o estudo, a terapia energética mostrou-se eficaz em 90% dos casos avaliados.

A pesquisa envolveu 40 pacientes com dores torácica não

cardíaca, com idades entre 50 e 75 anos. Para o trabalho, os pesquisadores dividiram os pacientes em dois grupos. Um recebeu três seções de Johrei por semana, de 30 minutos cada uma, num total de 18 seções. O outro grupo foi medicado somente com a terapia utilizada atualmente para o combate à dor. Os casos tratados com a terapia milenar apresentaram 90% de melhora do quadro clínico, enquanto que os casos tratados com medicamentos apenas 40%.

A dor torácica é a segunda causa mais comum, na região do peito, após a dor cardíaca, e acomete 30% da população. São pessoas com idades entre 50 e 75 anos, que procuram o Pronto-Socorro do HC devido a dores torácicas, cujos exames cardiológicos revelaram-se normais. A hipersensibilidade da função esofágica associada à contraçãos involuntária muscular ao longo do esôfago são as possíveis causas responsáveis pela patologia.

O HC atende mensalmente a média de 50 pacientes, geralmente encaminhados por cardiologistas para a investigação da dor peitoral, cujo tratamento, até então, era um desafio.

Para o gastroenterologista brasileiro Tomas Navarro Rodrigues, responsável pela pesquisa, os bons resultados obtidos abrem perspectiva para uma nova abordagem terapêutica, e é provável que o Johrei seja adotado futuramente pela Clínica de Gastroenterologia do HC.

COMO CIRCULAM AS FORÇAS RADIANTES NO RECEPTOR

Como vimos, a energia transmitida pelos benfeitores espirituais circula primeiramente na cabeça dos médiuns passistas, e o mesmo acontece na cabeça do beneficiário, ao toque da força radiante. O pensamento influi diretamente, tanto na doação dos princípios curadores quanto na recepção deles. Ninguém deve subestimar, portanto, a importância da mente.

A partir da ligação mental com o mentor, o médium passa a irradiar, através das mãos, chispas luminosas, comunicando-as aos pacientes que as recebem, da mesma forma, por meio do halo vital ou aura, primeiramente na cabeça, depois onde tenha mais necessidade.

A idéia iluminada pela fé e pela boa vontade estabelece a ligação do médium com os Espíritos amigos que atuam sobre essas bases. Recordando o que dissemos, seja quais forem os gestos ou trejeitos adotados pelo passista - muitos costumam levantar as mãos para o alto, por exemplo, pensando em favorecer o contato com as forças superiores - na verdade, nada disso importa, porque a primeira e mais importante ligação com o mentor dar-se-á sempre através da cabeça ou da mente e não das mãos.

Isso é perfeitamente válido também para a ligação com o paciente.

No trabalho do passe, portanto, estabelece-se uma ligação sutil entre o necessitado e o socorrista e, é claro, com a Espiritualidade, que vem em auxílio a ambos, tendo em vista a atividade construtiva, baseada na prece, na fé, no total desinteresse material. Também ficou claro, em nosso estudo, que o passe será tanto mais eficiente quanto mais intensa for a adesão daquele que lhe recolhe os benefícios. Afinal de contas (154), em última instância, é o próprio enfermo que se cura, por isso tem de concentrar suas forças no trabalho restaurativo dos trilhões de células que compõem o seu organismo perispirítico. Para isso, tem de aproveitar a ajuda que recebe para comandar a

154) Mecanismos da mediunidade, p. 147.

própria restauração. A cura é, na verdade, uma auto-cura.

Com a ajuda do fluido vital ou magnético, que recebe de empréstimo, o doente centralizará as próprias radiações sobre as células, regulando-lhes os movimentos e corrigindo-lhe as atividades, de modo a mantê-las dentro de normas desejáveis. Estabelecida a recomposição, a harmonia volta e a mente retoma o controle do corpo.

O influxo de energias permite que as oscilações mentais do enfermo se condensem, mecanicamente, na direção do trabalho restaurativo, passando a sugeri-lo às entidades celulares do veículo em que se expressam, e os milhões de corpúsculos do organismo fisiopsicossomático tendem a obedecer, instintivamente, às ordens recebidas, sintonizando-se com os propósitos do comando espiritual que os agrega.

Dessa forma, é possível alterar o rumo do nosso próprio roteiro... (155)

O nosso destino não está traçado de forma inexorável.

Como vimos, há casos em que não há assimilação das forças curativas.

Os Instrutores explicam que "em fotografia precisamos da chapa impressionável para deter a imagem, tanto quanto em eletricidade carecemos do fio sensível para a transmissão da luz". No terreno das vantagens espirituais, é imprescindível que o candidato apresente uma certa "tensão favorável". Essa tensão decorre da fé.

E certo que não se trata aqui de fanatismo religioso ou de ignorância cega, mas sim de atitude de segurança íntima, com submissão às Leis Divinas nas quais temos plena confiança. Sem recolhimento e respeito na receptividade, não conseguimos fixar

155) Evolução em dois mundos, p. 2a.

os recursos imponderáveis que funcionam em nosso favor, porque o escárnio e a dureza de coração podem ser comparados a espessas camadas do gelo sobre o templo da alma.

Capítulo 22

PASSE E ORAÇÃO

Como vimos, passe é uma transmissão conjunta, ou mista, de fluidos magnéticos - provenientes do encarnado - e de fluidos espirituais - oriundos dos benfeitores espirituais -, não devendo ser considerada uma simples transmissão de energia animal (magnetização).

A aplicação do passe tem como finalidade sanar desarmonias físicas e psíquicas, substituindo os fluidos deletérios por fluidos benéficos; equilibrar o funcionamento de células e tecidos lesados; promover a harmonização do funcionamento de estruturas neurológicas que garantem o estado de lucidez mental e intelectual do indivíduo.

O passe é, usualmente, transmitido pelas mãos, mas também pode ser feito pelo olhar, pelo sopro ou, a distância, por intermédio das irradiações mentais.

A transmissão e a recepção do passe guarda relação com o poder da vontade de quem doa as energias benéficas e de quem as recebe. A cura verdadeira das doenças está relacionada ao processo de reajuste do Espírito, sendo o passe apenas um instrumento de auxílio. Para evitar recidivas de doenças ou perturbações, é necessário que a pessoa defina e siga uma programação de melhoria moral e de esclarecimento espiritual.

O passe não tem contraindicação. Velhos, criancinhas, desde a mais tenra idade, enfermos de toda classe, podem fazer uso dele, sem problemas. Nota-se um efeito menor quando a aplicação é feita em pacientes que têm desajustes complicados do cérebro.

Em todas as situações, porém, o médium passista deve buscar na prece o fio de ligação com os planos superiores. Sem essa conexão, terá dificuldades de se unir aos instrutores e guias espirituais que e suprem as suas necessidades e servem de intermediários com a Providência Divina.

Assim, pois, para colocar em movimento o ectoplasma ou força radiante, em benefício de quem precisa, o passista deve cultivar a prece, como estado natural em seu campo íntimo.

"A oração é prodigioso banho de forças, tal a vigorosa corrente mental que atrai", lembra Aulus. (156) "Através da prece, o doador expulsa dos seus próprios envoltórios as sombras que se acumulam nas lutas diárias, quanto sorve do plano espiritual, substâncias renovadoras para o seu próprio bem-estar."

Não devemos nos esquecer também de que os resultados positivos da cura estão ligados ao grau de recepção do destinatário, daí a necessidade de conscientizar quem se coloca como usufrutuário dos benefícios do passe.

Em comunicação publicada na *Revista Espírita*, Mesmer, (157) espírito, chama a atenção para o extraordinário poder fluídico da prece:

A vontade tanto desenvolve o fluido animal quanto o

156) Nos domínios da medunidade, p. 17.

157) Revista espírita, 1864, p. 7, p. 265

espiritual, porque, todos sabeis agora, há vários gêneros de magnetismo, em cujo número estão o magnetismo animal e o magnetismo espiritual, que, conforme a ocorrência, pode pedir apoio ao primeiro. Um outro gênero de magnetismo, muito mais poderoso ainda, é a prece que uma alma pura e desinteressada dirige a Deus.

Assim, onde haja o socorro magnético, que vise a tarefa de solidariedade pura, com ardente desejo de ajudar e sob a invocação da prece, há sempre auxílio espiritual. E toda oração, filha da sinceridade e do dever bem cumprido, com respeitabilidade moral e limpeza de sentimentos, permanece tocada de incomensurável poder.

Analisada a questão nestes termos, todas as pessoas dignas e fervorosas, com o auxílio da prece, podem conquistar a simpatia de veneráveis magnetizadores do Plano Espiritual, que passam, assim, a mobilizá-las na extensão do bem. No serviço de passes da Casa Espírita, não nos achamos à frente do hipnotismo espetacular, mas, sim, em um gabinete de cura, em que os médiuns transmitem os benefícios que recolhem, sem a presunção de doá-los de si mesmos. É importante não esquecer essa verdade para deixarmos bem claro que, onde surjam a humildade e o amor, o amparo divino é seguro e imediato.

E terminamos como iniciamos, invocando o dr. Alexis Carrel. Para ele, a oração tem um significado especial:

> A oração é (...) a forma de energia mais poderosa que o homem é capaz de gerar. Trata-se de uma força tão real como a gravidade terrestre. Na minha qualidade de médico, tenho visto enfermos que, depois de tentarem, sem resultado, os outros meios terapêuticos, conseguiram libertar-se da melancolia e da doença, pelo sereno esforço da prece. É esta, pois, no mundo, a única força que parece capaz de superar as chamadas "leis da Natureza". Há muitas pessoas que se limitam a ver na prece (...) um refúgio para

os tímidos, ou mero apelo infantil movido pelo desejo de coisas materiais. Concebê-la, entretanto, nestes termos, é menosprezá-la erroneamente. (...) "Ninguém jamais rezou", disse Emerson (1803-1882), "sem que houvesse aprendido alguma coisa". (...) O mais profundo manancial de energia e perfeição, que se acha ao nosso alcance, tem sido miseravelmente abandonado. (...) Se a força da Prece for posta em ação na vida de homens e mulheres; se o Espírito proclamar os seus desígnios claramente, invictamente, haverá então confiança de que não sejam em vão os nossos anseios por um mundo melhor.

PERGUNTAS E RESPOSTAS

O passe tem contra-indicação?

Não. Todos podem tomar passes: desde crianças tenras a pessoas de idade mais provecta.

Mulher grávida pode dar passes?

Não deve. Praticamente, a mulher na gestação está vivendo um processo peculiar de mediunidade em que um ser está se materializando em seu útero. Ela já está sob a ação direta do espírito reencarnante, recebendo o impacto da sua influência, e deve ser resguardada nesse processo. O inverso deve ser estimulado: a gestante deve receber os benefícios do passe magnético.

A mulher pode dar passes nos dias em que está menstruada?

Sim, pode. Sem problemas.

Mesmo uma pessoa que nunca deu passes pode fazê-lo em situação de emergência?

Sem dúvida, pode. Os benfeitores auxiliarão, valendo-se do elemento de boa vontade.

O passe pode ser dado fora do centro espírita?

Sim, pode, em casos de emergência. Nas residências, em caso de doença ou de outro impedimento que impeça a frequência imediata à Casa Espírita. Nos hospitais e Casas de Saúde, quando os pacientes o solicitarem.

Mas há permissão para dar passes em hospitais?

Não há, a não ser em um ou outro hospital. Uma exceção importante é o Hospital das Clínicas de São Paulo, que passou a permitir os passes a pedido da Associação Médico-Espírita de São Paulo. Quanto à permissão oficial e definitiva dos hospitais, compete ao movimento espírita batalhar para conseguí-la das autoridades competentes. Do mesmo modo que existem nesses hospitais as capelanias católica, evangélica, israelita, e outras, os espíritas também deveriam ter o direito de levar o conforto aos doentes que o solicitassem.

Como o passista deve atuar no hospital?

A equipe incumbida de atuar na área hospitalar deve ser organizada e treinada para agir da forma mais discreta possível, com ênfase na doação amorosa. Desse modo, seria alertada para cultivar vibrações de solidariedade e amor, de forma introspectiva, evitando qualquer manifestação ruidosa, que pudesse desrespeitar o ambiente de dor e resgate em que é chamada a colaborar.

Portador de câncer em tratamento pode continuar a dar passes?

Não deve. No tratamento do câncer, ele vai precisar de todas as suas reservas de fluido magnético do duplo etérico ou corpo vital para o seu próprio restabelecimento. Vai precisar também da força vital que puder obter por meio do passe.

Mas, e no final do tratamento, quando estiver em período de saúde aparente?

Os pacientes em período de remissão do câncer devem se abster até que recebam alta definitiva do tratamento porque, como alertamos, vai precisar de todos os seus recursos do corpo vital.

O passe pode, acaso, ser dispensado a distância?

Sim, desde que haja sintonia entre aquele que o administra e aquele que o recebe. No caso, diversos companheiros espirituais se ajustam no trabalho do auxílio, favorecendo a realização, e a prece silenciosa será o melhor veículo da força curadora.

Nas chamadas cirurgias espirituais, é necessário utilizar objetos cortantes?

Não. As cirurgias são feitas no perispírito, de modo que o médium pode adaptar-se ao fato de não precisar gerar corte, perfurações e sangue para realizá-las.

Por que os médiuns de cirurgias espirituais em geral não permanecem muito tempo na tarefa?

Porque começam bem e terminam mal. No princípio, há um forte ideal; depois, deixam-se vencer pelo apelo material e passam a cobrar. Esquecem-se de que é preciso dar de graça o que de graça recebeu; largam o ganha-pão de cada dia e passam a auferir lucro financeiro com o exercício da mediunidade. Para não errarem mais, a Espiritualidade os chama mais cedo à desencarnação.

Em que estado o passista fica durante o serviço espiritual?

Por meio da prece, ele fica em pleno contacto com os benfeitores presentes. A oração mantém o seu espírito em comunicação com o invisível e o profundo manancial de energia silenciosa que flui durante o trabalho. Recolhe pela intuição a orientação precisa.

Como o passista recompõe as próprias energias?

Muitos grupos adotam o sistema de doação fluídica final entre os passistas, além disso, há o trabalho conjunto com a Espiritualidade Superior, quando, ao final de cada trabalho, o passista repõe suas energias. Uma boa noite de sono e alimentação saudável completam a reposição.

O passe penetra o halo vital ou a aura dos doentes?

Sim, o passe modifica o halo vital ou a aura dos doentes, penetrando-a e provocando modificações instantâneas.

Que é que o passista doa?

O passista doa fluido magnético, ou fluido vital, ou ectoplasma, um subproduto do fluido cósmico. No passe misto, doa também o magnetismo espiritual dos Mentores do Mundo Maior, que é derramado sobre ele durante a transmissão do passe.

Existe um reservatório ilimitado dessas forças?

Sim, o reservatório ilimitado é o Universo inteiro, por onde circula a fonte permanente - o fluido cósmico -, de forma contínua e incessante.

A "virtude" que saiu do cristo era esse mesmo fluido?

Sim, o fluido magnético do Cristo, de qualidade altamente pura, era aplicado por uma vontade vigorosa, com efeito único. Algo inabordável ainda para nós.

Mas jesus não operou milagres?

Não no sentido como é entendido pela maioria das criaturas humanas, que vêem os fenômenos como ocorrências fora das leis da natureza. Todas as curas de Jesus, embora de intenso impacto, por serem instantâneas, obedecem a leis naturais, ainda desconhecidas em suas causas profundas. Segundo o próprio Cristo, tudo o que ele fazia nós poderemos fazer. A aplicação do fluido magnético é algo, portanto, perfeitamente possível para todo ser humano. O que faz toda a diferença, naturalmente, é a evolução espiritual incomparável do Cristo.

Por que existem diferentes modalidades de cura?

Podem ser instantâneas, lentas, ou de tempo variável, conforme a qualidade, a quantidade do fluido magnético e o poder da vontade de quem dirige a sua aplicação.

Fluidos espirituais tem algo a ver com os fluidos da matéria?

Os fluidos da ciência humana referem-se à matéria física conhecida. Na conceituação da Espiritualidade Superior, existem fluidos muito diversificados, espirituais, perispirituais, etc,, que estão relacionados à matéria desconhecida, ao fluido cósmico e a todos os seus derivados.

Por que é importante estudar os fluidos na aplicação dos passes?

Porque o fluido é o veículo do pensamento, este atua sobre ele e navega no seu campo de atuação. Existe um sem-número de fluidos a expressarem sentimentos de natureza diversa, como os de ódio, inveja, crueldade, etc, assim como os há como produto dos pensamentos de amor, ternura, bondade, etc. Há, portanto, fluidos benéficos e maléficos, a nós compete a tarefa de administrar.

Qual a importância do pensamento?

Com o pensamento, co-criamos o nosso próprio envoltório de apresentação. Através de pensamentos, palavras e atos construímos nosso destino, o edifício grandioso ou miserável de nossa vida presente e futura.

De que forma os espíritos atuam sobre os fluidos?

A manipulação se dá por meio do pensamento e da vontade.

Qual é o fator que aumenta a ação magnética do passista?

O cultivo de pensamentos bondosos, generosos e de ações correspondentes. Não basta, porém, ter a energia doada, é preciso que o beneficiário se coloque em posição de receber.

É necessário tocar o corpo do receptor?

Não há. O melhor sempre é não tocar.

Que mais o passista deve evitar?

Qualquer tipo de exibicionismo, como a_gesticulação excessiva, ruídos, respiração ofegante, bocejos e cacoetes diversos.

Os passistas devem ser fichados?

Por que não? Se eles o são no mundo espiritual, por que não seriam aqui, enquanto encarnados? O êxito do trabalho pede experiência, horário, segurança e responsabilidade do servidor fiel aos compromissos assumidos. Não devemos menosprezar a Lei Divina que nos conclama a observar as linhas da lógica, da organização e da obediência.

Mas o passista tem direito a faltas?

Sim, em caso de impedimento justo, podem ser substituidos, embora, nessa circunstância se verifiquem, inevitavelmente, pequenos prejuízos resultantes de natural desajuste da equipe.

E a melhor preparação para o passe?

Participar das reuniões de estudo ou de esclarecimento doutrinário que, em geral, antecedem o trabalho de passe. Melhorar a cada dia o amor aos semelhantes.

Muitas vezes os passistas descuidam da própria saúde. Que fazer?

Ter o compromisso com o corpo físico como se ele fosse viver eternamente, evitando desgastes emocionais, como a mágoa, o ressentimento. Cuidar da nutrição. Verificar a pressão arterial e os dados sanguíneos básicos para o controle da saúde de forma satisfatória.

REFERÊNCIAS BIBLIOGRÁFICAS

ABDALLA, Élcio. Teoria das supercordas. **Revista da USP**, jun. ago. 1990, p.183 a 190.

AKSAKOF, A. **Animismo e espiritismo**, v. I e II, 4. ed. FEB, 1987. Animisme et Spiritisme, Paris: Leymarie, 1895.

______. **Um caso de desmaterialização**. 3. ed. FEB, 1979.

ALENCAR, C. **Notáveis reportagens com Chico Xavier**. IDE, 2002.

ALEXANDER, Rolf. **A mente e seu poder de curar**. São Paulo: Cultrix, 1998.

ANDRADE, Hernani Guimarães. **Matéria psi**. Matão: Casa Editora O Clarim.

______. **Espírito, perispírito e alma**. São Paulo: Pensamento, 1984.

______. **Reencarnação no Brasil**. Matão: Casa Editora O Clarim, 1988.

______. **Renasceu por amor**. São Paulo: FE, 1995.

______. **Poltergeist**. São Paulo: Pensamento, 1989.

______. **A mente move a matéria**. São Paulo: FE, 2005.

______. **Parapsicologia - uma visão panorâmica**. São Paulo: FE, 2002

ARMOND, E. **Passes e radiações, métodos espíritas de cura.** 4. ed. São Paulo: Aliança, 2006.

AZEVEDO, G., NEVES, J., FERRAZ, J., CALAZANS, N. **Terapia pelos passes.** 4. ed. Salvador: Leal, 1998.

BARRETT, W. **Nos umbrais do além.** Lisboa: Estudos Psíquicos Editora,1947.

BEARZOTI, Paulo. Curso sobre evolução em dois mundos, **Boletim Médico-Espírita 5**, 2. ed. São Paulo: AME-SP, 1997.

BENDIT, L., BENDIT, P. **O corpo etérico do homem.** São Paulo: Pensamento, 1993.

BENSON, H. **Aprendendo a relaxar.** São Paulo: Artenova, 1977.

______. **Medicina espiritual.** São Paulo: Cultrix, 1996.

BOZZANO, E. **Pensamento e vontade.** 4. ed. São Paulo: FEB.

______. **Animismo ou espiritismo.** 2. ed. São Paulo: FEB, 1951.

______. **Fenômenos psíquicos no momento da morte.** 4. ed. São Paulo: FEB.

______. **Remontando às origens.** Matão: Casa Editora O Clarim, 1971.

______. **A crise da morte.** 6. ed. São Paulo: FEB.

______. **Metapsíquica humana.** 3. ed. São Paulo: FEB.

______. **Comunicações mediúnicas entre vivos.** Edicel, 1968.

______. **Povos primitivos e manifestações supranormais.** São Paulo: FE, 1997.

BRENNAN, B. A. **Mãos de luz.** 17. ed. São Paulo: Pensamento, 1997.

CANHADAS, C. **A eterna busca da cura, uma visão holística de saúde interior.** Catanduva: Boa Nova, 2001.

CAPRA, Fritjof. **O ponto de mutação**, São Paulo: Cultrix, 1986.

______. **O tao da física, um paralelo entre a física moderna e**

o misticismo oriental. São Paulo: Cultrix, 1988.

______, STEINDL-RAST, D., MATUS, T. **Pertencendo ao universo**. São Paulo: Cultrix, 1994.

______. **Sabedoria incomum**. São Paulo: Cultrix, 1990.

CHOPRA, Deepak. **A cura quântica, o poder da mente e da consciência na busca da saúde integral**. 25. ed. São Paulo: Best Seller.

______. **Conexão saúde, como ativar as energias positivas do seu organismo e ter saúde perfeita**. 2. ed. São Paulo: Best Seller, 2004.

CARREL, A. **O homem, esse desconhecido**. Porto: Educação Nacional, 1937.

______. **L'homme cet inconnu**. Paris : Plon, 1997.

CERVIÑO, J. **Além do inconsciente**. São Paulo: FEB.

COQUET, M. **Les çakras**. Paris : Dervy-livres, 1989.

CROOKES, W. **Fatos espíritas**. 5. ed. São Paulo: FEB.

______. **La force psychique**. Paris: Leymarie, s/d.

CUNHA, H, Lucius (Espírito). **Imagens do além**. IDE, 1994.

DE BROGLIE, Louis-in, et al. **Para além da ciência**... 4. ed. Porto: Livraria Tavares Martins, 1958.

DELANNE, G. **A alma é imortal**. Rio-Paris: Garnier, Liv. Ed., 1901.

______. **O espiritismo perante a ciência**. São Paulo: FEB, 1952.

______. **Recherches sur la mediumnité**. LS Psychiques, 1913

DELEUZE, François. ...., 1819.

DENIS, Léon. **O problema do ser, do destino e da dor**. 6. ed. Rio de Janeiro: FEB,1947.

______. **O grande enigma**. 10. ed. Rio de Janeiro: FEB.

______. **O porquê da vida: que somos, de onde viemos, para onde vamos**.17.ed. Rio de Janeiro: FEB.

DENIS, Léon. **No invisível**. 7. ed. Rio de Janeiro: FEB, 1973.

______. **Depois da morte**. 3. ed. São Paulo: Edicel, 1987.

D'ESPÉRANCE, E. **No país das sombras**. 3. ed. Rio de Janeiro: FEB, 1973.

DIVERSOS AUTORES. Refletindo sobre a obsessão, a glândula pineal, **Boletim Médico-Espírita n. 10**, São Paulo: AME-SP, 1997.

______. **Saúde e espiritismo**. 2. ed. São Paulo: AME-BR, 2000.

DIVERSOS AUTORES. **Porque adoecemos**, Amemg, v. I e II, Belo Horizonte: Fonte Viva, 1998, 2000.

DOSSEY, L. **A cura além do corpo**. São Paulo: Cultrix, 2004

______. **As palavras curam, o poder da prece e a prática da medicina**. São Paulo: Cultrix, 1993.

______. **Espaço, tempo e medicina**. São Paulo: Cultrix, 1998.

DOYLE, A. C. **História do espiritismo**. São Paulo: Pensamento, 1960.

DROUOT, P. **Cura, espiritualidade e imortalidade**. 2. ed. Rio de Janeiro: Nova Era, 1996.

DURVILLE, H. **Magnetismo pessoal**. São Paulo: Pensamento, 2006.

______. **Théories et procédés du magnétisme**. 5ème édition Perthuis (Éditions H. Durville) 20, Bd Montparnasse Paris, 15 ème, 1956.

DUTHEIL, R., DUTHEIL, B. **L'homme superlumineux**. Ed. Sand, 1990.

______. **La médecine superlumineuse**. Ed. Sand, 1992.

EMOTO, Masaru. **Messages from water**, v. 1 e 2, Hado Kyoikusha Co,Ltd.

FACURE, Núbor O. **A ciência da alma de Mesmer a Kardec**. São Paulo: FE, 2000.

FIGUEIREDO, P. H. **Mesmer, a ciência negada e os textos escondidos**. São Paulo: Lâch, São Paulo, 2005.

FLAMMARION, C. **Telegrafía del pensamiento**. Buenos Aires e México: Maucci H., hijos, s/d.

______. **O desconhecido e os problemas psíquicos**. Rio de Janeiro: FEB.

______. **As casas mal-assombradas**. 6. ed. Rio de Janeiro: FEB, 1996.

FARIA, N. **O trabalho dos mortos**. 5. ed. Rio de Janeiro: FEB, s/d.

GARRETT, E. **Awareness, creative age press**. Nova York, 1945.

GELEY, G. **Del inconsciente al consciente**. Ed. Constancia,1947.

______. **O ser subconsciente**. Rio de Janeiro: FEB, 1974.

______. **Ensayo de Revista General Y de Interpretación Sintética del Espiritismo**, Edit. Amélie Boudet, 1986.

GOSWAMI, A. **O médico quântico - orientações de um físico para a saúde e a cura**. 2. ed. São Paulo: Cultrix, 2006.

______. **The quantum doctor, a physicist's guide to health and healing**. Charlotesville: Hampton Roads, 2004.

______. **A janela visionária, um guia para a iluminação, por um físico quântico**. São Paulo: Cultrix, 2000.

GREENWOOD, M., NUNN, P. **Cura e transformação - no caminho da verdadeira cura está uma jornada de transformação**. São Paulo: Cultrix, 1996.

GURGEL, L. C. **O passe espírita**. 3. ed. Rio de Janeiro: FEB, 1996.

HOELTZ, D. **Aspectos mediúnicos**. Editora do Autor, 2006.

JAHNKE, Roger. A **promessa de cura do Qi, criando um bem-estar extraordinário com o Qigong e o Tai Chi**. São Paulo:

Cultrix, 2002.
JOHARI, H. **Charkras, centros energéticos de transformação.** 6. ed. Rio de Janeiro: Bertrand Br, 1995.
KARDEC, A. **L'evangile selon le spiritisme**. 3. ed. Rio de Janeiro: FEB,1979 = O Evangelho Segundo o Espiritismo.
______. **Le livre des esprits**. Paris: Dervy-Livres, 1972 = O livro dos espíritos, Rio de Janeiro: FEB.
______. **Le livre des médiums**. Paris: Dervy-Livres = O livro dos médiuns, Rio de Janeiro: FEB.
______. **La genèse**. Paris: L'Union Spirite, 1952 = A gênese, Rio de Janeiro: FEB.
______. **Le ciel et l'enfer** Paris: Dervy-Livres = O céu e o inferno, Rio de Janeiro: FEB.
______. **Obras póstumas**. Rio de Janeiro: FEB.
______. **O que é o espiritismo**. Rio de Janeiro: FEB,1945.
______. **Viagem espírita em 1862**. Casa Editora O Clarim.
______. **A obsessão**. Casa Editora O Clarim, 1969.
______. **Instruções práticas sobre as manifestações espíritas**. 6.ed. Casa Editora O Clarim.
______. **Revista Espírita**. 1858 a 1869
KILNER, W. **A aura humana**. São Paulo: Pensamento, 1993.
KRIEGER, Dolores. **Toque terapêutico, novos caminhos da cura transpessoal**. São Paulo: Cultrix, 1998.
KRISHNA, G. **O despertar da Kundalini**. São Paulo: Pensamento,1993.
KOENIG, H. **Espiritualidade no cuidado com o paciente**. São Paulo: FE, 2005.
KÜBLER-ROSS, E. **Sobre a morte e o morrer**. 3a. ed. 1987.
______. **Vivir hasta despedirnos**. Luciérnaga-Barcelona, 1995.
______. **La muerte: un amanecer**, Luciérnaga,1996 = A morte:

um amanhecer, São Paulo: Pensamento,1996

LANSDOWNE, Z. **The chackras & esoteric healing**. 3. ed. York Beach, S. Weiser, 1986.

LASKOW, L. **Curando com amor - um programa médico inovador para a cura do corpo e da mente**. São Paulo, Cultrix, 1993.

LEADBEATER, C.W. **O homem visível e invisível**. São Paulo: Pensamento,1988.

______. **Os chakras**. São Paulo: Pensamento, 1974.

LEVIN, J. **Deus, fé e saúde**. São Paulo: Cultrix, 2003.

LeSHAN, L. **O médium, o místico e o físico**. Summus, 1994.

LIMA, Moacir C. de A. **Parapsicologia, da bruxaria à ciência**, 3a. ed. Porto Alegre: Mercado Aberto,1994.

LINDE, A. **The self-reproducing inflationary universe, Scientific American**, nov. 1994. p. 48 a 55.

LIPTON, Bruce, **A biologia da crença, ciência e espiritualidade na mesma sintonia:** o poder da consciência sobre a matéria e os milagres. São Paulo: Butterfly, 2007.

LOUREIRO, C.B. **A mediunidade segundo o espiritismo**. Mnêmio Túlio, 1996.

______. **As mulheres médiuns**. 2.ed. Rio de Janeiro: FEB, 1998.

LOMBROSO, C. **Hipnotismo e mediunidade**. 4. ed. Rio de Janeiro: FEB, s/d.

MEEK, George W. As **curas paranormais, como se processam.** São Paulo: Pensamento, s/d.

MELO, J. **O passe, seu estudo, suas técnicas, sua prática**. 7. ed. Rio de Janeiro: FEB, 1992.

MENEZES, A. B. **A loucura sob novo prisma**. 2. ed. Feesp.

MICHAELUS, **Magnetismo espiritual**. 6. ed. Rio de Janeiro: FEB, 1991.

MIRANDA, H. C. **Sobrevivência e comunicabilidade dos espíritos**. 3. ed. Rio de Janeiro: FEB.

______. **Diálogo com as sombras**. Rio de Janeiro: FEB.

______. **Nas fronteiras do além**. Rio de Janeiro: FEB.

______. **Diversidade dos carismas**. 3. ed., v. I e II, Lachâtre, 1993.

______. **O que é fenômeno mediúnico**. 3. ed. C. Frat., 1995.

______. **Condomínio espiritual**. Rio de Janeiro: FE, 1993.

MONTANDON, R.,**Les radiations humaines**. Paris: Lib. Félix Alcan, 1927.

MOSS, T. **O corpo elétrico**. São Paulo: Cultrix, 1993.

MOTOYAMA, H. **Teoria dos chakras, ponte para a consciência superior**. São Paulo: Pensamento, 1988.

MURAKAMI, K. **Código divino da vida, ative seus genes e descubra quem você quer ser**. São Paulo: WHH, 2008.

NOBRE, M.R.S. **A obsessão e suas máscaras**. 3.ed. São Paulo: FE, 1997.

______. **Nossa vida no além**. 2.ed. São Paulo: FE, 1998.

______. **O dom da mediunidade**. São Paulo: FE, 2007.

______. **Lições de Sabedoria**. 2. ed. São Paulo: FE, 1997.

NOVELINO, C. **Eurípedes, o homem e a missão**. 3.ed. IDE, 1979.

NOVO TESTAMENTO (O), **Sociedade Bíblica Britannica**, Londres e Rio de Janeiro, 1937.

OLIVEIRA, Sérgio F. Matematização do perispírito, **Boletim Médico-Espírita, n. 10**, São Paulo: AME-SP, 1996.

OLIVEIRA, T. **Reuniões mediúnicas**. 8. ed. Ceak, 2000.

______. **Mediunidade**. 11. ed. Ceak, 1994.

______. **Fluidos e passes**. 5. ed. Ceak, 2000.

ORNSTEIN,R., SOBEL,D. **The healing brain**. New York: Si-

mon and Schuser, 1987.
PALHANO JR, L. **Transe e mediunidade**. Lachâtre, 1998.
______. NEVES, W.F. **Dossiê peixotinho**. Lachâtre, 1997.
______. **Experimentações mediúnicas**. Celd, 1996.
______. **Eusapia, a "feiticeira"**. Celd, 1995.
PASTORINO, C. T. **Técnica da mediunidade, sabedoria**. Rio de Janeiro.
PENFIELD, Wilder. **O mistério da mente**. São Paulo: Atheneu, 1983.
PERALVA, M. **Estudando a mediunidade**. 5.ed. Rio de Janeiro: FEB, 1971.
PEREIRA, Y. Bezerra de Menezes (espírito). **Recordações da mediunidade**. Rio de Janeiro, FEB.
PHENOMENOLOGIE Organique et Psychique de la Médiumnité, 1ERE Rencontre Medecine &Spiritualité, 2003.
PINHEIRO, N. S., **Prontuário de André Luiz**. IDE, 1998.
PIRES, J. H. **Mediunidade**. São Paulo: Paidéia, 1986.
______. **O espírito e o tempo**. 8. ed., São Paulo: Paidéia, 2003.
RAGER, G. R. **Hypnose sophrologie et médicine,fayard**. 1973.
RANIERI, R.A. **Materializações luminosas**. Feesp.
RHINE, J. B. **O alcance do espírito**. São Paulo: BestSeller, 1965.
______. **Le nouveau monde de l'esprit**. Paris: Lib. Adrien-Maisonneuve.
______. **Parapsicologia Atual**. São Paulo: Cultrix.
ROCHAS, A. **Exteriorização da sensibilidade** 3.ed. São Paulo: Edicel.
______. **A levitação**. 4. ed. Rio de Janeiro: FEB, 1988.
RODRIGUES, W. L. **Katie King**. Casa Editora O Clarim, 1975.
ROGO, Scott. **Milagres, uma exploração científica dos fenômenos paranormais**. São Paulo: Ibrasa, 1994.

ROSSI, Ernest Lawrence. **A psicobiologia da cura mente-corpo, novos conceitos de hipnose terapêutica**. 2ª.ed. Campinas: Livro Pleno, 2003.

SANNELLA, Lee. **The kundalini experience**. CA: Lower Lake, 1987.

SCHRENCK-NOTZING, A F. **Problemas básicos de la parapsicologia**. 3.ed. Buenos Aires: Troquel, 1976.

SCHUTEL, C. S. **Médiuns e mediunidades**. Casa Editora O Clarim.

SADHU, M. **Samadhi, a supraconsciência do futuro**. 10. ed. São Paulo: Pensamento, 1995.

______. **Meditação**. São Paulo: Pensamento, 1995.

SEIDMAN, M. **A guide to polarity therapy, the gentle art of hands-on healing, boulder**. Colorado: Elan Press, 1991.

SEVERINO, P. R. A **vida triunfa**. São Paulo: FE, 1990.

SHAFIKA, K., KUNZ, D.V.G. **Os chakras e os campos de energia humanos**. São Paulo: Pensamento, 1995.

SHELDRAKE, Rupert. **Seven experiments that could change the world**. New York: Riverhead Books, 1995.

______. **O renascimento da natureza**. São Paulo: Cultrix, 1993.

______, ABRAHAM, Ralph, MCKENNA, Terence. **Caos, criatividade e o retorno do sagrado**. São Paulo: Cultrix, Pensamento,1994.

SOUZA, Élzio F. Yogashiririshnam (Espírito) **Divina presença**. Salvador: Círculus,1992.

______. LIN Ch'eng Yü (Espírito) **Caminhar vazio**. Salvador: Círculus, 1994.

______. AMORIM, Deolindo (Espírito) **Espiritismo em movimento**. Salvador: Círculus, 1999.

STEVENSON, Ian. **Children who remember previous lives - a**

question of reincarnation. USA: Charlottesville, University Press of Virginia, 1987.

______. **Reincarnation and biology - a contribution to the etiology of birthmarks and birth defects, v. 1: Birth Defects**. USA: Praeger, Westport, 1997.

______. **Reincarnation and biology, v. 2: Birth Defects and Other Anomalies**. USA: Praeger, Westport, 1997.

______. **20 casos sugestivos de reencarnação**. São Paulo: Dif. Cult., 1971.

SUI, Chon Kok. **A antiga ciência e arte da cura prânica**. São Paulo: Ground, 1989.

TAVARES, C. **A mediunidade dos santos**. 3.ed. IDE, 1988.

TIRET, C. **Auras humanas**. São Paulo: Pensamento, 1991.

TOBEN, Bob, WOLF, F. A. **Espaço, tempo e além**. São Paulo: Cultrix, 1988.

TOLEDO, W. **Passes e curas espirituais**. 6. ed. São Paulo: Pensamento, 1972.

TUBINO, M. **Um "fluido vital" chamado ectoplasma**. Niterói: Lachâtre, 1997.

UBALDI, Pietro. **As noúres**. 4.ed. Fundapu.

VAUGHAN, F, **Novas dimensões da cura espiritual**. São Paulo: Cultrix, Pensamento, 1992.

XAVIER, F. C. André Luiz (Espírito) **Nosso Lar**. 54. ed. Rio de Janeiro: FEB.

______. **Os mensageiros**. 41. ed. Rio de Janeiro: FEB.

______. **Missionários da luz**. 9. ed. Rio de Janeiro: FEB.

______. **Obreiros da vida eterna**. 30. ed. Rio de Janeiro: FEB.

______. **No mundo maior**. 23. ed. Rio de Janeiro: FEB.

______. **Libertação**. 28. ed. Rio de Janeiro: FEB.

______.**Entre a terra e o céu**. 23. ed. Rio de Janeiro: FEB.

XAVIER, F.C. **Nos domínios da mediunidade**. 31. ed. Rio de Janeiro: FEB.

______. **Ação e reação**. 26. ed. Rio de Janeiro: FEB.

______. VIEIRA, W., André Luiz (Espírito) **Evolução em dois mundos**. 2.ed. Rio de Janeiro: FEB.

______. **Mecanismos da mediunidade**. Rio de Janeiro: FEB.

______. **Sexo e destino**. 28. ed. Rio de Janeiro: FEB.

______. **E a vida continua...** 31. ed. Rio de Janeiro: FEB.

______. **Desobsessão**. 11. ed. Rio de Janeiro: FEB, 2007.

______. **Mediunidade e sintonia**. CEU, 1986.

______. **Seara dos médiuns**. Rio de Janeiro: FEB, 1961.

______. **Pensamento e vida**. 8. ed. Rio de Janeiro: FEB.

______. **Religião dos espíritos**. 9. ed. Rio de Janeiro: FEB.

______. **Roteiro**. 2. ed. Rio de Janeiro: FEB.

______. **O consolador**. 2. ed. Rio de Janeiro: FEB.

______. **Doutrina de luz**. GEEM, 1990.

______. (Espíritos Diversos) **Vozes do grande além**. 2. ed. Rio de Janeiro: FEB.

______. **Instruções psicofônicas**. 3. ed. Rio de Janeiro: FEB.

______. **Falando à terra**. 4. ed. Rio de Janeiro: FEB.

______. **Paz e renovação**. CEC, 1970.

______. **Cura**. 3. ed. São Paulo: Geem, 2003.

ZIMMERMANN, Z. **Perispírito**. 2. ed. Campinas: Ceak, 2002.

ZÖLLNER, J. K. **Provas científicas da sobrevivência**. 6. ed. Edicel.